어디서든
한달살이

일상속 한달살기 실천지침

글 상인숙

 이모션애드

삶의 사소한 문제에 부딪혀 넘어질 때
이 책을 한번 펼쳐보시라.

그리고

나와의 여행을
시작해 보라.

To ————————————

이 책을 여행을 좋아하고 호기심 많고
잘 웃는 나의 둘째딸에게 보낸다.

11월의 신부가 되어 우리 곁을 떠나는
나의 딸 소윤 그레이스.

지난해 산티아고 순례길을 걸으며
보고 느끼고 행했던 너의 모든 순간들이 은혜로웠듯이,
앞으로 펼쳐질 네 인생의 모든 순간에 수놓아질
은총들도 알아차리고 누리길 바란다.

사랑한다. 나의 딸들!
그리고 나를 비롯한 세상의 모든 딸들!
우리 모두 오래된 미래의 꿈을 향해
나아가는 순례자처럼 묵묵히 걸으며
자기 삶의 심표를 찾아내길......

삶이 풍요로워지는 또다른 방법

상인숙 작가님은 2018년 평화방송 '산티아고 가는 길'을 통해 인연이 닿았다.

당시 나는 산티아고 순례길을 컨셉으로 한 카페 알베르게를 운영하고 있었기에 우리의 만남은 순례길의 어느 접점에서 만난듯 한 기분이 들었다.

나보다 연배가 많으심에도 열정과 에너지는 어느 그 누구보다 밝게 빛나고 넘치셨다. 늘 곁에서 때로는 어머니처럼, 때로는 친구처럼 힘들 때도 기쁠 때도 함께 마음을 나누어 주셨고, 우리의 인연은 이태석 신부 기념관을 통해 계속 이어졌다.

이번에 출간하는 신작 '어디서든 한달살이'는 에세이 같으면서도 실용서이고, 또한 여행기 같으면서도 삶의 통찰이 가득 담겨 있다. 거기에 오랜 시간 방송작가 일을 하신 필력이 그 맥락을 자연스럽게 이어주는 듯하다.

작가님의 진솔 한 이야기와 경험이 마음을 따뜻하게 적셔주고 그 마음으로 나를 돌아볼 수 있는 질문을 던져준다.

이 책을 읽다 보면 '아 나도 그런 추억이 있었지!' 하며 그 시절 그 감정이 떠오른다.

인터넷과 스마트폰을 넘어 이제 AI 시대가 너무나 빠르게 다가오는 시대에 우리는 많은 시간과 생각을 화면 속에 맡기게 되어버렸다. 그 화면에서 벗어나 진짜 삶의 즐거움을 느끼기 가장 좋은 방법은 낯선 곳으로 떠나고 표면적인 관광이 아닌 실제 삶을 살아보는 것이다. 그것이 진정으로 '내가 누구인가'를 발견하고 나의 삶을 살기에 가장 좋은 방법이다.

현재 나 역시 산티아고 순례길을 모티브로 해서 길을 걸으며 나와 삶을 돌아보는 라이프여행을 안내하는 일을 하고 있다.

'어디서든 한달살이' 책은 낯선 곳으로 떠나는 첫 걸음이 되어 주기에 충분히 좋을 것 같다. 이 책을 읽다 보니 작가님과 나의 삶의 방향이 많이 비슷하다는 것을 다시 한번 느끼며 이 책에서 가장 좋았던 문장으로 마무리를 한다.

'사유의 세계는 경험치와 비례해 평행으로 나아간다.
삶이 풍요로워 질 수 있게'

라이프워커스 대표 **전승연**

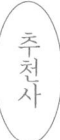

나의 오티움을 만나는 시간

상인숙 작가님의 눈에는 늘 빛이 서려 있다. 고되고 무거운 삶의 짐들마저 가볍게 만들어주는 그 따스한 빛이 항상 작가님 눈에 스며들어 있다. '어떤 힘이 저렇게 눈을 통해 빛으로 흘러나올까?'

지난 7년 동안 품었던 빛의 비밀을 '어디서든 한달살이' 책을 통해 드디어 발견하게 되었다. 비밀의 열쇠는 작가님 만의 오티움(Otium)이었다.

상인숙 작가님은 직관적인 삶과 단절된 삶 사이를 오가시며 '행복한 나를 만나는 시간'과 '진짜 나를 발견하는 시간'을 균형 있게 살아가시는 분이었다. 낯선 타지에서 완벽한 이방인이자, 주어진 환경에 빠르게 동화되는 준현지인으로서의 삶. '그래, 이거였구나!'. 나 또한 11년 전 스페인 산티아고 순례길을 한 달 동안 걸으며 오감으로 경험해 보았던 삶이다.

상인숙 작가님의 신간 '어디서든 한달살이'는 누구나 자신만의 오티움을 발견할 수 있다는 따스한 응원과 떠남을 위한 실용적인 가이드가 함께 제시되어 있다.

만약 당신이 이 책을 발견했다면, 내가 그랬던 것처럼 작가님이 전하려는 '빛'의 메시지를 오롯이 느낄 수 있을 거라 확신한다. 그리고 당신만의 '오티움'을 발견하게 되리라는 것도 함께.

감정코치 정다현

. . . . . .

행복으로 이끄는 첫 발자욱

이 책에서 말하는 '어디서든 한달살이'는 시간과 공간의 개념을 작가만의 시각으로 풀어낸 신박한 컨셉이다. 말하자면 원하는 것을 이루지 못하는 현대인들의 갈증을 나름대로 풀어갈 수 있는 방법을 제시한 것일 수도 있다.

하지만 실제로는 자기가 무엇을 원하는지, 그것을 어떻게 행해야 할지 모르는 사람이 많다. 그럴 때 이 책을 펼쳐보며 자기 내면으로의 여행을 한다면 좋겠다는 생각이 든다.

작가는 실제 여행을 함에 있어서도 자기 자신을 관찰하고 객관화시키는 작업을 병행한다. 또한 '지금 여기'에서 있는 그대로의 '나'를 만나는 것을 주저하지 않는다. 그것이 행복으로 이끄는 첫 발자욱일지 누가 알겠는가!

정신건강의학과 전문의 정정엽

참 많은 길을 돌아왔다

삶의 곳곳에 기점이 생겨나고 흩어지고 사라져갔다.

돌아보면, 언제나 원점인 듯하고, 또 돌아봐도 그 자리가 그 자리인듯 하다. 그래도 어쩌랴. 시간의 한 축을 따라 걸어야 하는 것은 변함 없으니. 그런들 어쩌랴. 이고지고메고. 내 몫의 시간을 다 써버려야 하지 않는가. 그래서 생각했다. 조금 더 재미지게 살자고. 조금 더 편안하게 생각하자고. 누가 뭐라한들, 보태주고 빼갈 사람조차 남지 않고 남겨질 '나' 아닌가.

그래서 지난 시간 내가 흘려보낸 시간 속에서 생각했던 일들, 하고 싶었던 일들을 소환해 본다. 삶의 프롤로그든 에필로그든 크게 중요하진 않겠지만 분류하고 선별하는 작업으로 소소한 즐거움은 만들어 갈 수 있을 것 같으니까.

어쩌면 뱃심이 생겼는지 모르겠다. 될대로 되라 식의 상위 버전으로. 이제와서 나는 내 인생에게 스스럼없이 손을 내민다.

　　맛깔스럽게 세상 속으로 다시 걸어가자고,

　　충분하진 않지만 넉넉한 마음을 나누자고,

　　그래서 안녕을 고할 때, 제대로 웃어보자고,

　　내 인생의 한달살이에 하루씩 접붙이며......

　　문득 인생 한달살이의 원고를 쓰면서 '지하철 여행'이란 단어가 떠오른다.

　　그래. 한달살이 중에 '지하철 여행'도 한 셋트로 넣자.

　　어린 시절 세계지도를 펼쳐 놓고 낯모를 외국도시를 술래가 말을 하면 눈이 빠지게 지도를 들여다 보며 이름만으로 들은 도시와 같은 글씨를 찾던 때처럼 지하철 노선도를 놓고 역을 하나 선택하는 거야. 그런 생각의 넝쿨을 따라 가자니 "아임 그라운드 세계 수도이름 찾기. 대한민국 서울 착착" 이란 목소리가 귀에서 들리듯 울려퍼진다. "영국 런던 착착""프랑스 파리 착착"......

　　놀이를 통한 사회공부인가? 아마도 이 놀이는 중고등학교 때 많이 했던 듯 한다. 친구들과 둥글게 앉아 박자에 맞춰 손뼉을 치면서 몇바퀴를 돌며 세계 탐방을 다녔다. 지구본의 세계지도, 또는 지리시간 지리부도로 익힌 세계지도를 떠올리거나 펼쳐 놓고 했던 놀이. 수십년의 세월이 흐르고 여행자유화가 시행된지도 수십년이 지났다. 출장길, 혹은 여행길에서 그때 놀이에서 소리 높여 불렀던 도시들을 만났을 때의 환희로움이란! 어쩌면 지하철 여행을 하면 그런 느낌을 만날 수 있지 않을까? 지하철을 타고 지하로만 다니던 도시나 마을의 세계 속으로 발을 내디딜 때 나는 또 무슨 생각을 하고 무엇을 보고 있을까.

늘 나의 삶은 그랬던 것 같다. 새로움을 갈망하며, 새롭지 않은 것에서도 새로움을 찾아내고 기뻐하는. 인생을 놀이처럼, 여행자의 마음으로 순례하면서 한걸음 한걸음 귀하게 내디뎠다. 이제 다시 '내 인생의 한달살이-어디서든 한달살이'라는 명제를 세워놓고 나는 또다시 설레임에 빠져든다. 현실의 걸림돌은 걸림돌대로 놓아둔 채로. 그리하여 나의 어디서든 한달살이 역시 부침과 흔들림 속으로 나아가며 꽃목걸이처럼 엮어질 것이다. 나의 애정을 듬뿍 먹고!

그리고 이런 생각에 동의하는 사람들과 함께 지속가능한 여행 프로젝트를 만들어 가고 싶다. 1박 2일, 2박 3일, 일주일 살이, 한달 살이……홀로 또는 더불어 함께. 이미 국내에서의 짧은 여행은 물론 '보루네오 섬' 한달살이 준비를 위한 씨앗을 심었다.

싹을 틔울지, 꽃은 피울지 누구도 모르지만 물을 주는 일은 게을리 하지 않으려 한다. '새로움'은 늘 여러 빛깔의 가능성을 던져 주었다는 인생 기록에 또한번 기대며 마음을 담아 손을 내민다.

2025년 여름 무더위속에서

상인숙

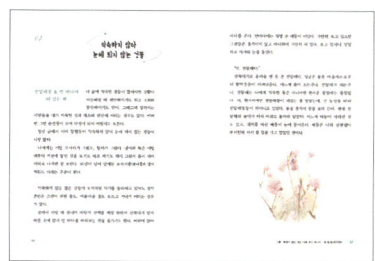

1장

이 책의 1장은 기한을 정하지 않고 숫자상 30일을 정해 <어디서든 한달살이>를 하는 것으로 정했다. 나만의 한달살이 방법을 잘 숙지하고 실천해 보기 바란다. 발상의 전환, 새로운 개념의 세상에서 하나밖에 없는 나만의 <어디서든 한달살이>를 스스로 만들 수 있기를……

2장

에세이 형식으로 나의 인생길에서 나를 단단하게 해 주었던 생각과 상황들을 자유롭게 엮었다.

Book in Book

그야말로 이 책의 저술을 위해 정탐취재를 한 여행이기다. 어디서든 한달살이를 자유롭게 실천하며 스스로 내면의 단단함을 생성하며, '일상과의 단절을 통한 자기만의 시간'이 필요함을 느낀다면 포스트 어디서든 한달살이를 준비하고 실천하길 권한다. 용기와 실천적 행위에 대한 필요 충분조건이 형성되면 <포스트 어디서든 한달살이>는 외국 뿐 아니라 한국의 어느 장소에서든 원하는 시기에 원하는 곳으로 떠날 수 있다. 그러기 위해서 1장의 실천지침을 통한 훈련을 하자고 제안한다.

3장

또한 여행 중에 느끼고 간직했던 감정과 순간들을 가벼운 터치로 풀어낸 것이다. 다양한 여행의 시각을 기르기 위해서는 여러 가지 여행기를 접하는 것도 좋은 경험이 될 것이다.

 어디서든 한달살이

행하지 않는 것은 나의 것이 아니다
– 행행행(幸行洚)

Part 3 몸이 있는 곳, 마음이 머무는 곳

어디서든
한달살이

일상속 한달살기 실천지침

여기서 한달은 1일에서 30일까지
꽉 채운 날들을 말함이 아니다.
자기 일상을 살면서, 조금 특별하게 보내고 싶은 날
그 지속 가능한 날들을 모아 놓은 것
바로 일상속 한달살이 프로젝트다!

어쩌면 이 프로젝트를 완성한 후 진정으로
자기가 원하는 형태의 한달살이를 어디서든
하고 있는 자신을 만날 수 있지 않을까?

Part 1

어디서든
한달살이

1장

어디서든
한달살이

핑크빛
한달살이는 가라

　한달살이를 생각하는 많은 이들의 머리에는 핑크빛 기대감으로 물들어 있을 것이다. 현실의 문제를 떠안고 있지 않은 사람들이 어디 있겠는가. 그 모든 것을 제자리에 놓아두고 떠난다? 어떻게?

　⋯⋯⋯

　그래서 그것은 많은 이들의 로망이 된다. 많은 이들의 버킷리스트에 포함된다. 그러니 이렇게 한번 해보자. 제일 먼저 나만의 한달살이 설계를 새로운 시각으로 실천하겠다는 마음을 담아 눈을 감고 나 자신을 가만히 들여다 본다.

3분 정도 알람을 켜놓고 침묵을 실행한다.

✹ 내 삶의 단위 쪼개기 ✹

① 최대 1년 단위의 큰 그림

· 나의 1년을 제대로 마음껏 살아 보기 - 행복 추출을 위한 첫발걸음, go!

② 실천의 달, 한달살이

· 매일매일 떠오르는대로 살고 행하기

· 기록부터 시작하라. 내가 가고 싶은 곳, 하고 싶은 것을.

· 기록의 원칙을 정하고 실행하라. 매일, 혹은 일주일, 열흘 단위로 정하고
  그 이상을 넘지 말라. 실천에 어려움이 생길 수 있다.

-------------------- 나의 위시리스트 --------------------

· 최소 한달에 한번 여행하기

· 일주일에 한번 이상(자기가 하고 싶은 것 적어넣기)

· 내 삶의 정리수납 (매일 이부자리 정리하기부터 실천하기 등)

내 안의 집짓기
(상상하기)

지금 가장 가고 싶은 곳이 있는가?
그곳을 떠올린다.
마음 속에 방을 하나 만들어 떠오르는 것을 넣어둔다.

지금 가장 하고 싶은 일이 무엇인가?

....

* ....

....

* ....

....

* ....

....

* ....

....

* ....

....

마음 속에 방을 하나 만들어 떠오르는 것을 넣어둔다.
예를 들어 내가 좋아하는 의자나 선반 위 액자, 책, 화분을 놓는다.

상상 속 한달살이 집이 마련되면, 1일차부터 살기 시작

가고 싶은 곳, 그곳으로 떠난 날 기록
첫 번째 출발지. 그것이 방콕이면 어떠랴.

직장인이면 직장을 다니는 일상 속에서 비직장인이면 자기 루틴의 일상 속에서 자기만의 한달살이 플랜을 짠다.

다시한번 말하지만 <어디서든 한달살이>는 이 책의 1장에서 제시하는 30일간의 신개념 한달살이, 그리고 세상에서 말하는 한달살이-어디론가 떠나 그곳에서 한달동안 사는 것-을 망라하는 것이다.

우선적으로는 보다 실천하기 쉬운, 1장에서 말하는 연속적이지 않은, 나만의 한달살이를 시작하자는 것이다.

이렇게 해보자.
3일 단위, 일주일 단위, 열흘 단위로 플랜을 세운다.

완벽하지 않더라도 나름 한달살이의 플랜을 세우려면 하루하루, 한 번의 '일상 떠남'이 중요하다. 그것이 징검다리가 되어 어느새 스스로 플랜에 몰입할 수 있다. 이렇게 만든 플랜을 일상을 살면서 채워간다.

떠남

첫날

도착

창이 큰 카페에 앉아

커피를 즐긴다.
나에게로 스며드는 커피향.
순식간에 입안에 감도는 쌉쌀한 커피향.
이내 쓴 맛이 뒤따른다. 묵직하다.

카페는, 특히 낯선 도시의 한적한 카페는
편안함과 함께 나를 또 들쑤신다.
떠나라고....아니면 조금만 더 머물라고.

선택은 나의 몫.
갈등이 생길 때, 생각하기 귀찮을 때
커피 한모금을 머금는다.

– 양산 카페 에밀레에서

04

떠남의 실현

한달살이 플랜 중 적어도 2회 이상 현실의 거주지를 떠나 여행을 하라. 하루 여행, 1박 2일, 또는 그 이상의 날을 '현실 생활에서의 떠남'을 위해 할애하라. 도시를 벗어날 여건이 되지 않으면 가까운 곳에 있는 공원 등을 찾아가도 좋다.

나의 터전을 떠나 일상과 단절하는 것은 상당히 중요한 포인트다.

적어도 한달에 한번 정도는 여행이나 취미활동으로 일상의 색깔을 바꾸자.

✳ 떠남을 위한 훈련 ✳

기존의 '나'를 떠나는 것은 훈련이 필요하다.

왜 이것을 훈련해야 하는가? 어느새 내성에 젖은 나로부터 새로움을 얻기 위해서 꼭 필요한 작업이기 때문이다. 동시에 이것은 또한 스스로에게 주는 선물이 될 것이다.

떠나는 훈련을 제대로 한다면 어느 순간 떠나지 않고도 일상 속에서 모든 것과 단절을 이룰 수 있는 경지에 이를 것이다.

처음부터 무작정 떠나기가 힘들다면 어떤 프로그램의 도움을 받는 것도 좋다. 피정, 템플스테이, 나를 향한 여행, 만남 수련 등의 프로그램을 활용하는 것도 도움이 된다.

감정여행-내 안의 '나' 찾기

있는 그대로의 나를 마주하는 것은 쉬운 듯 하지만 무척 어렵다.

내면으로 꽁꽁 숨어들어간 '자아'를 의식하고 수면 위로 끌어올리는 일, 감정의 표현 또는 감정의 표면화 일 것이다. 자기의 감정선을 정확하게 읽어낼 수 있다면 보다 단단한 자아를 만들어 낼 것이다.

거짓 자아가 아닌 참자아를 찾아가는 익숙하지 않은 새 길을 만들어 가는 일을 시작해 보자.

뒤늦게 새로운 전공을 택해 공부하는 지인이 있다. 학기 중에는 학업에 바빠 만날 생각도 못하고 방학에 되면 시간을 맞춰 한두번 보면서 그간의 안부를 나눈다. 석사가 끝나면 박사 코스를 밟는다는데, 나는 그녀의 그 열정이 경이롭기만 하다. 힘들어 하면서도 한학기 한학기 성실하게 걸으면서 어느새 마지막 학기를 끝내고 석사 논문을 남겨 놓고 있다. 이제는 방학이 되었으니 얼굴을 볼 수 있겠다 싶었는데, 딸과 함께 한달 정도 유럽 여행을 떠난다고, 여행 마치고 만나자는 연락이 왔다.

약간 서운했다. 뭐랄까, 약속 아닌 약속에 바람 맞은 느낌이랄까. 방학 때마다 만나서 맛난거 먹고 진한 수다를 떨던 것이 어느새 루틴이 되어버렸던가. 그녀는 딸과의 여행에 한껏 취해 좋은 시간을 보낼텐데, 아쉬운 마음이라니......

'감정'에 대한 생각을 한다. 사람인 이상 희노애락, 오욕칠정에선 벗어날 수 없는 것이 당연하다. 그런데 그것의 갈무리를 잘하는가 아닌가는 또 다른 문제로 대두되고 더 큰 문제의 발단이 되기도 한다.

나는 감정이 마음대로 춤 추는 것을 제어할 수 있는가?

순간적으로 들었던 감정의 끄나풀은 무엇이었을까? 나의 서운함이 불쑥 올라온 것의 근원은 무엇일까? 단지 만나지 못함에 대한 서운함뿐이었을까? 여행에 대한 부러움의 또다른 서술이 아니었을까? 잠시 생각한다.

나는 이렇게 내 안에서 어쩔 수 없는 감정이 춤을 출 때면 그 뿌리를 찾아가는 감정여행을 한다. 감정은 일정한 사건에 대한 한가지 감정만 올라오는 것이 아님을 알 수 있다. 분노 뒤에는 애써 숨겨놓은 고통이 있다거나, 미움은 사랑받고 싶은 욕구의 또다른 표현이라든가......조심스럽게 표면으로 드러나는 대표 감정을 파고 들어가보면 '치유받지 못한 또다른 자아'를 만날 수 있다. 그럴 때 스스로를 어루만져 준다. 관심받고 싶었냐고, 인정받고 싶었냐고, 사랑받고 싶었냐고, 위로받고 싶었냐고 스스로에게 묻고 답한다. 그러면 또다른 자아는 잠잠해진다. 어디서든 한달살이 여정이 자신에게 이러한 치유의 시간들을 줄 수도 있다. 그래서 '떠남'을 강조한다.

글을 읽으면서, 또는 생각속에서 문득 떠오른 자기만의 감정이 있는가? 상처입은 감정이든 기쁘고 아름다운 감정이든 생각의 그물에 걸린 자기의 감정을 표현해 보자. 글로 표현하기 힘들면 단어들의 조합으로 표현해도 괜찮다. 혹은 그림으로도. 중요한 것은 지금 떠오른 자기 감정-과거든 현재든-을 생각 속에서 끄집어 내어 스스로 표현하고자 하는 행위이다.

여행을 떠나고 싶은가? 여행객들이 부러운가.
어디든 내가 있는 곳이 인생의 한 여행지.
새로운 것을 찾거나 익숙한 것을 버리거나.
어디서든 한달살이의 기본 법칙 중 하나.

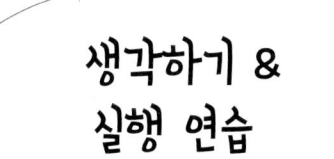

05

생각하기 &
실행 연습

떠남을 위한 마음의 준비를 하고, '나의 감정여행'을 한 다음 자기 생각과 느낌은 어떠한가. 이제 다음은 행동을 위한 준비다.

"인간은 행동하는 동물이다"

나는 외향성인가, 내향성인가. 나름대로 주제 분류를 하면서 실행의 의지에 따라 점수를 매긴다.

분류와 점수 매기기를 하기 위해 책상에 앉거나 자세를 바로 한다면 당신의 한달살이는 벌써 시작된 것이다.

이제 진정한 나를 만나는 여정이 시작된다.

나의 성향

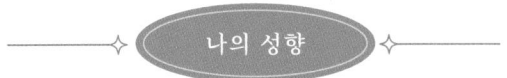

각 문항마다 내향적 / 외향적 중 자신에게 더 가까운 쪽을 선택하고, 마지막에 점수를 합산하면 됩니다. 내향적 쪽이 많으면 내향적 성향, 외향적 쪽이 많으면 외향적 성향에 가깝습니다. 비슷하게 나온다면 양향적(ambivert) 성향일 수 있어요. 즉, 상황에 따라 내향·외향을 자유롭게 오가는 유형입니다.

☑ 자기 점검 체크리스트

※ 각 질문당 체크시 10점입니다.

	질문	내향적		외향적	
1	에너지를 얻는 방식	혼자 있을 때 충전된다		사람들과 함께 있을 때 충전된다	
2	대화할 때	깊고 진지한 대화를 선호한다		다양한 사람과 가볍게 대화하는 걸 즐긴다	
3	모임 참석	소수 친한 사람들과의 모임이 편하다		큰 모임이나 파티가 즐겁다	
4	휴식 방법	독서, 산책, 혼자만의 시간이 필요하다		친구 만나기, 활동적인 외출이 필요하다	
5	결정 방식	충분히 생각한 후 신중히 결정한다		경험하면서 빠르게 결정한다	
6	집중력	한 가지에 몰입하는 편이다		여러 가지를 동시에 시도하는 편이다	
7	표현 방식	속으로 곱씹고 조용히 표현한다		활발하게 말하고 행동으로 표현한다	
8	위험 감수	안정적이고 계획적인 편이다		도전적이고 즉흥적인 편이다	
9	새로운 환경	적응에 시간이 걸리지만 익숙해지면 편하다		새로운 환경에 금방 적응하고 즐긴다	
10	인간관계	깊은 관계 몇 개를 유지한다		다양한 관계를 폭넓게 맺는다	
총 점		점		점	

'나'를 형상화하기

단어, 문장, 또는 그림으로 자유롭게 나를 나타내 봅니다.

나는 단풍드는 것을
좋아하는 사람이다.

그냥
멍하니 쉬고싶다.

나는 커피향이 좋다.
커피를 아주
즐기는 사람이다.

나는 비오는 날이
좋은 사람이다.

작은섬 오두막

-돌이켜보니 그것이 훈련이었나 보다

절박하고도 고통스러운 현실에서의 떠남.

무엇 하나 나 혼자 힘으로 해결할 수도, 마무리할 수도 없었던 나날들. 마치 철조망이 내 목을 칭칭 감아 매는 듯한 날들. 숨쉬기조차 버거웠던 날들에 지쳐 나는 드디어 모든 것을 벗어 던지기로 했다.

우선은 삶에 지친 몸과 마음을 추스려야겠다는 생각을 했다.

"일단 떠나자."

어디로?

어떻게?

두세달 집을 떠나 혼자 있을 곳을 찾아야 했다.

지금이야 '한달살이'라는 말이 유행처럼 번져 많이 일반화되었지만 15~20년 전에는 지금처럼의 한달살이라는 개념이 없었다. 그렇다고 한달살이, 또는 석달살이가 없었던 것은 아니었다.

이미 귀농의 물길이 트이기 시작했고. 귀농을 위한 체험 농촌살이도 있었고, 지금은 인턴제도라 부르는 수습사원으로 몇 달을 살아보는 방법도 있었다. 이 모든 것들은 사실 대단한 용기를 필요로 한다. 그 용기를 얻기 위해 내가 할 수 있는 것이 무엇일까? 깊이 고민한다.

살면서 내가 했던 일들, 나의 경험이 좋은 길라잡이가 되어 주었다.

자기의 경험치는 물론 타인의 경험치를 활용하는 것도 권장한다.

벤치마킹을 하면서 다양한 시도를 하는 것도 좋을 것이다.

지금은 인터넷, SNS라는 더 좋은 뭉의 경험치가 있지 않은가?

어디서든, 무엇이든 하고 싶은 것들을 검색해서 우선 지식으로라도 차곡차곡 자기의 생각 곳간에 채우는 것도 한달살이의 좋은 준비가 된다.

'틈새'라는 것은 반드시 있다. 자기가 가고자 한다면, 하고자 한다면 그 길은 열릴 것이 틀림없다. 그래서 나는 '두려움'을 가슴 깊이 꽁꽁 숨기고 섬으로 떠났다. 마치 돌아올 곳이 없는 사람처럼.

내가 겨울을 살기로 마음 먹은 곳은 전깃불은 들어오지만 수도도, 보일러도 없는 자그마한 집이었다. 가구수도 별로 많지 않은 작은 마을이 형성된 섬이었지만 다른 집들은 생활 편의시설이 다 갖추어져 있었다. 하지만 내가 생활할 공간은 겨우내 아궁이에 장작불을 지펴 방도 덥히고 물도 덥히고 밥도 해 먹어야 하는 1개의 아궁이 다용도시설 뿐이었다.

생활용수를 위해 우물물을 길어 와야 했고, 난방을 위해 장작을 마련해야 하는 곳. 다행히 봄부터 가을까지 이곳에 농사를 짓기 위해 은퇴 목사님이 오가는 곳이었고, 여름내 그 분이 해 놓은 장작을 내가 쓰도록 편의를 봐 주셨다. 아이들이 방학 때 와서 3일을 머물다가면서 "엄마 심심하진 않겠다."라고 말을 할 정도로 하루종일 일이 많았다.

할 수 있을까? 매일 밤 아궁이에 밤새 불이 타오르도록 해야 하고,

아침 마다 마을 공동 우물에 가서 물을 길어올 수 있을까? 고민은 길지 않았다. 그런 각오가 되지 않으면 이 섬 오두막에서 생활할 수가 없었으니 말이다.

다만, 불안하고 두려운 마음은 어쩔 수 없었기에 선배와 성당 후배에게 사전 답사를 함께 하자고 요청했고, 그들은 흔쾌히 나와의 섬여행에 동행해 주었다.

성당 후배는 대학 때 주일학교 교사 활동을 함께 했고, 전기 설비나 기타 설비를 능숙하게 해 내던 친구였다. 그때는 시골에서 농사를 짓고 있었고 내가 머물 집에 도배와 전기 시설 등을 점검해 주었다. 선배는 그저 묵묵히, 아무 말도 하지 않았다. 서글펐으리라. 비록 임시 거주라곤 하지만 열악한 현실을 눈 앞에서 보고 있자니, 왜 그렇지 않았겠는가?

아마 그때가 11월 중순 쯤이었을 것이다. 대강 집 주변과 우물가를 둘러보던 후배가 그 아래 쪽에 있던 작은 슈퍼에서 소주를 두 병 사서 왔다. 그리고 나와 선배를 끌고 집 뒤 섬 꼭대기로 갔다. 조금 가자니 무밭이 나왔다. 무밭 쪽으로 걸어가더니 밭두렁에 털썩 앉은 후배는 무를 하나 쑥 뽑았다. 저게 저리 쉽게 뽑히나? 싶어 잠시 멍하는 사이에 후배는 무를 반으로 싹둑 썰어내더니 무청을 잡고 단면의 가운데를 살짝 돌려 우묵하게 만들어 냈다. 무는 제법 깊게 볼처럼 만들어졌고 그는 그 위로 소주를 콸콸콸 부었다. 아주 기발하게 만들어 낸 하나 뿐인 소주잔. 내 입에서 감탄이 절로 터졌다.

즉석 제조한 소주잔에 찰랑이는 소주 한잔. 해는 바다를 향해 부지런히 달려 가고, 소주를 시원스레 목으로 넘긴 후배는 반이 남은 무를 쓱싹 잘라 안주 삼아 우걱우걱 씹었다. 그리고 내게 무소주잔을 불쑥 내밀었다.

"자, 누님들도 한잔 하이소."

아하하하, 아하하하, 하하하. 의외로 우리의 웃음이 터졌다. 정말 신선했다.
섬마을로 불어오는 바람은 차가웠고, 해질녘의 햇살은 넉넉했다.
우리는 무향 속에 파묻힌 소주를 마셨다. 어찌나 달고 맛있던지!

"아따, 잘 묵네. (먹네) 마, 소주 들이키듯 여서 잘 사소, 마."
"내 혼자서도 잘 지낼 수 있겠제?"
"장작도 넉넉하고, 전깃불 들어오니 됐고. 전선은 내가 단디 봤소. 어디든 사람 사는 데니, 누난 잘 살끼요."
"고맙데이~"

가만히 얘기를 듣던 선배는 또 하고 싶은듯한 말을 삼켰다.
너는 왜 굳이 이곳에 와서 살려고 해? 묵묵히 소주를 들이키며 속으로 말했다. 언니, 나는 여기서 49세 비망록을 쓸거예요. 그동안 나의 삶을 회개하고 보속하는 심정으로. 그러기엔 딱 좋은 곳 아닌가요? 생존과 마주해야 하는 상황에서 기도하며 하루하루를 견뎌내 볼게요. 아무것도 없는 곳에서 진정한 나를 마주할 수 있는 곳. 우물물을 길어 내듯 내 안에 숨어있는 나의 힘을 다시 길어 올릴 수 있을 거예요. 비록 남루하지만 꽂대를 꺾진 않을 것입니다.
기도하며 지켜봐 주세요. 함께 와 주셔서 고맙습니다.

어떤 상황에서도 자기를 지지하는 사람은

있다는 것과 어떤 상황에서도 도움의 손길이

닿는다는 것을 알게 된, 더불어 함께 사는 힘을

알게 된 일상을 떠나간 곳에서의 시간!

지금도 내게 힘을 주는 시간들이다.

06

짐꾸리기 or
상상속 짐꾸리기

Step1   내가 버려야 할 것들

나는 떠난다. 현실속 나는 여전히 집에 메이고, 직장에 메이고, 일에
메이지만 어디서든 한달살이를 결심한 나는 한달동안은 이 속박에서
벗어나겠다고 단단이 마음먹는다.

그리고 1일 1실천을 한다는 결심을 굳힌다.
굳이 매일매일 무엇을 하지 않아도 된다.

온종일, 또는 반나절,
여의치 않으면 두세시간이라도
진정 나를 위한 시간을 내어 보라.
그것이 어디서든 한달살이
제1장의 첫 번째 짐꾸리기다.

계획과 준비

한달살이를 결심하는데 당신은 얼마의 시간이 걸렸는가.

며칠? 몇시간? 몇 달? 아니면……

이 책을 펼쳐 여기까지 읽었다면 당신의 계획과 준비는 어느 정도 이뤄졌다고 볼 수 있다. 적어도 이 책의 아이템 중에 가능한 것 몇 개만 선택해 실행한다는 의지를 가지고 실행하는 것이 중요하다. 그리고 기록하라. 열과 성을 다해!

Step3 한달살기 D-1

워밍업은 끝났다. 나만의 한달살이를 위한 준비도 끝났다.

완벽한가? 그렇진 않을 것이다. 세상살이에 완벽함은 없으니까. 다소 부족해도 괜찮다.

한번 더 점검해 보자. 나의 한달살이를 위한 진정성은 충분한가.

만약 나의 진정성이 부족하다고 생각한다면 떠나기 하루 전인 오늘 가만히 자신과의 대화를 시도해 보라, 그리고 앞으로 펼쳐질 30일이라는 시간동안 하나씩 하나씩 부족하게 생각되는 것을 진정성 있게 채워가겠다는 결심을 굳히자. 어느 누가 뭐라고 할 것인가.

내 인생의 한폭에 나만의 그림을 그리겠다는데!

이제 시작이다. 내 발끝으로 내 마음의 밭에 그림을 그리자!

기록에로의 도전

어디서든
한달살이

✦ 타인의 삶 엿보기

내일이면 자기만의 '어디서든 한달살이'를 시작하는 날이다. 아직도 용기가 생기지 않는가? 아직까지 자기 인생에 새겨질 새 프로젝트가 별 의미가 없이 다가오는가? 인생에 있어 정말 별 의미가 없는 일이긴 하지만, 또 그것으로 인해 변곡점을 찾을 수 있고, 새로운 계기가 마련되기도 한다. 글 한편, 영화 한 편, 그림 한 점을 통해서 가능한 일이니, 이것은 또하나의 선물이 아닐런가. 타인의 삶은 어떠할까, 어느 누구는 이럴 때 어떠했더라? 그런 마음이 있으면 다음 페이지를 보자.

시간을 내 편으로 만들어라

모든 것을 내려놓고 나니 나에게 남는 것은 시간 뿐이었다.

경제적으로 이미 무너졌고, 그것이 신호가 되어 건강까지 무너졌다.

주변인들은 다 떠나갔고, 가까운 이들에겐 계륵이 되어버렸다.

미안함이 컸지만, 피해도 많이 주었지만 더 이상 내가 할 수 있는 일은 없었다. 죽어라 일을 했다. 생업이 늘 세 개 이상이었다. 그러다 "빵" 터져버렸다. 인생의 돌려막기, 시간의 돌려막기, 경제의 돌려막기, 건강의 돌려막기가 더 이상 통하지 않게 되었다. 그 지경이 되어서야 나는 비로소 나를 마주할 수 있게 됐다. 내가 할 수 있는 것이 아무 것도 없구나. 절망이었다.

그러나 나에게 남은 것이 있었다. 그것은 오롯이 나에게 주어진 시간이었다.

그래, 시간을 내 편으로 만들자. 한걸음, 한걸음 뚜벅뚜벅 걷다보면 어딘가에선 내가 또 뿌리 내리고 꽃을 피울 수 있는 날이 오겠지. 그렇게 웃을 수 있는 날이 오겠지.

시간을 견디자. 견디고 견딘다면 어디서 무엇인들 못하겠는가. 그것이 오기이든 자존심이든 내게 남은 전부였다.

시간과 나. 그 여정의 시작은 비록 고통과 아픔이었지만......

어느 섬에서의 나날들

"섬사람들도 겨울나기 힘들어요. 다들 인천이나 서울에 있는 자녀들 집에 가 있기 일쑤인데 뭐하러 이 겨울에 섬에 들어와요?"

이장님의 우려 섞인 소리를 들으며 나는 서해의 작은 섬으로 배낭 하나와 캐리어 하나를 끌고 들어왔다. 배를 두 번씩이나 갈아타고. 나의 섬살이, 낯선 곳에서의 겨울나기가 시작됐다.

나는 왜 섬에 있는 집들의 지붕이 낮은지 첫날 밤을 뜬 눈으로 새고 알아버렸다. 밤새 내가 동화 <오즈의 마법사> 속 도로시가 된 것만 같았다. 집으로 내리치는 바람의 소용돌이에 내가 머문 집이 바람따라 날아갈 것만 같았기 때문이다. 어떤 때는 누가 와서 문을 쾅쾅 두드리는 듯, 어떤 때는 사람의 울음소리 같은 바람 소리가 들렸다. 대부분은 집을 삼킬듯한, 날려버릴듯한 바람소리에 몸을 돌돌 말아 웅크려 누워 두려움에 잠식 당하지 않기 위해 노력해야 했다.

그러나, 아침은 밝아왔다. 오롯한 나의 아침이었다.

땔감 줍는 여인

봄을 맞이하려는 바람이 바다에서부터 불어온다. 물 때를 맞춰 섬을 한바퀴 돌 수 있는 시간이 되면 나는 어김없이 산을 넘어 건너편 바닷 가로 나간다.

　비온 뒤 바닷가는 지저분해진다. 쓰레기들이 비바람에 몰려 해변 에 안착하기 때문이다. 그 중에 반가운 것들도 있는데, 파도에 떠밀려 온 나무등치들이다. 기다란 나뭇가지가 물에 불어 해변에 누워 있으면 며칠 햇빛에 말려 놓았다가 나무 끝을 움켜쥐고 질질 끌고 산너머 나 의 오두막으로 가지고 간다. 그것들은 훌륭한 땔감이 되어 주기 때문 이다. 물론 나는 도끼질도, 톱질도 못하기 때문에 나무의 굵은 부분을 아궁이 쪽으로 향하게 해 통째로 넣어둔다.

　처음엔 부엌을 가로질러 나무가 길게 바닥에 깔려 오가는데 불편하 지만 2~3일이 지나면 나무가 타들어가는만큼 길이도 짧아지며 땔감으 로 충분히 연소돼 나를 기쁘게 해 준다. 물론 적당한 시간에 맞춰 나 무를 아궁이 안으로 밀어 넣어주는 수고를 해야 하지만. 참 이대신 잇 몸이란 말을 실감한다.

　저장된 장작은 남의 것이기 때문에 가능한 아껴 쓴다. 그래서 날마 다 큰 포대 자루를 두 개씩 들고 산으로 오른다. 솔잎을 긁어오기 위해서다. 누가 가르쳐주지 않았는데도 솔잎으로 불을 붙이고 장작 대신 쓰면 되겠다 싶은 생각이 들었다. 정말 솔잎은 훌륭한 땔감이 되어 주었다.

포대에 솔잎을 꾹꾹 눌러 담으면 내 허리까지 일어선다. 주둥이를 단단히 매고 양손에 포대를 잡고 질질 끌고 산을 내려올 때면 나는 개선장군이 된 듯 하다. 장작과 섞어 때면 이틀은 솔잎을 연료로 쓰니 참 고마운 솔잎이다. 솔잎을 긁다가 부러진 나뭇가지라도 발견하면 어김없이 근처에 쌓아놓고, 솔잎을 운반한 후 다시 가서 부러진 나뭇가지를 주워서 부엌에 잘 갖다 놓는다. 그런 날이면 입이 찢어진다. 오늘은 제대로 나무를 했다고. 진짜 나무꾼이 본다면 웃기지도 않을 일이지만, 나대로는 하루 중 삼분의 일 정도의 시간을 나무하고, 불 때고, 우물 물 기르는 거룩한 노동 시간으로 채우는 터라 스스로 생각해도 대견하다. 무언가에 열중한다는 것은 나를 정화시켜 준다는 것을 새삼 깨닫는다.

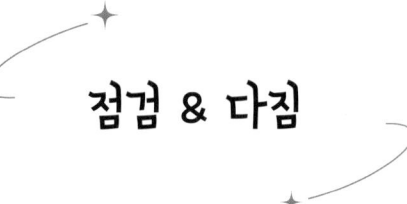

07

점검 & 다짐

Step1 생각하기

이 책을 다시 펼친다. 처음부터 차근차근 읽는다.

나는 제대로 나만의 한달살이를 준비했는가?

완벽하지 않아도 괜찮다. 가장 중요한 것은 마음으로 '어디서든 한달살이'를 준비했고, 떠날 결심을 했다는 것이다. 더 중요한 하나는 "일상을 떠난다"는 단 하나의 행동. 중간에 그만두면 어쩌나 하는 생각을 할 필요도 없다. 단지, 지금은 내일을 기대하면 기다리는 일!

Step2 어디서든 한달살이 D-day

이제부터 시작이다!

나만의 시간들을 그려내는 시공간들.

한가지만 첨언하자면, 그 기록들을 기록하라.

나를 위해!

절대 무너질 수 없는
자기를 만들어라.

절대 침범할 수 없는
마음 공간을 만들어라.

기록하기

출발 짐 꾸린 것을 차근차근 적는다.

글 또는 그림으로. 실제의 짐 or 상상의 짐 모두, 가능한 빠짐없이 기록한다.

08

쉼, 숨

연민하고 사랑하라.
자기 앞의 생을

가지 못한 길과 걸어온 길
그 사이 어디 쯤에서
나를 바라보라. 찬란한 눈으로!

빛나는 것도 빛바랜 것도
모두 나일진데,
나의 서사에 생명을 불어 넣어 보라.

그건,
어디서든 한달살이 하는 나.
나의 이야기.

산티아고 순례길, 사진 장익

통통 뛰며 달아나는 저 작은 길을 보라.
지금, 푸른 밀밭으로 나를 이끈다.

지금부터 가지 않았던 길을 가보라.

그리하면,
나만의 길이 생길 것이다.

파본이 아니다. 페이지를 매긴 두장을 비워두었다. 일부러. 그냥 그러고 싶었다. 또는 이런 공
간이 있으면 어떨까 싶어서. 자기 인생에도 태업이 있을 수 있다. 의도하든 의도하지 않든 누군
가에겐 시덥잖은 이유였을 수도 있지만 그로 인해 건너 뛰어야만 하는 시간들이 있을 수 있다.

그 시간들의 기억을 끄집어 내어 표현하고, 잘 떠나 보내준다면 어떨까? 그 기억이나 상념, 또는 장면들을 글이나 그림으로 표현해 보자. 꼭 그림이 아니더라도 색칠하기처럼 색깔로 온통 한페이지를 채워도 좋지 않을까.

09

한달살기
- 서른개의 주제 찾기

마인드 맵, 브레인 스토밍을 적극 활용한다.

　살면서 하고 싶었던 일들, 일상속에서 가끔 하는 일들, 정말 하기 싫은 일들, 추억으로 아롱져 꺼내보면 기분 좋은 일들. 이런 것들을 쫓아가다 보면 '나를 위한' 서른개 주제를 찾지 못하겠는가?

생각의 힘은 상당히 위대하다.

실행의 힘은 더욱 더 위대하다.

산행, 트래킹, 멍 때리기, 지하철 여행

도토리 줍기, 밤따기, 각종 농산물 수확기의 체험

흰 눈 밟기

카페 나들이, 집안 대청소, 방콕하며 음악 듣기

중고서점 찾아보기, 수목원, 비오는 날 외출하기

강가 산책

산나물 채취
(곤드레 축제, 곰취 축제 등 참여)

봄나물 채취
(쑥, 냉이, 고사리, 달래 등)

드라마 몰아보기

낙엽태우기

요리하기, 쇼핑하기, 박물관 탐방

여행, 영화보기, 미술관 관람

✳ 자기만의 한달살이 아이템 ✳

나무의 끝

어느 수목원의 분재 앞애 묵묵히 서서 완연하게 굽이쳐 오르는 나무 줄기를 본다. 줄기도 가지도 잎새도 한그루 나무로 완벽하게 화분 위에 서 있다. 전지된 나무가지의 끝을 보면 아름다운가? 아니면 서글픈가? 분재가 주는 소박하고도 완벽한 기쁨을 느끼는가, 또는 멈춰 버린 성장으로의 안타까움을 느끼는가. 어떤 생각이 들든지 자기의 감정선을 따라 가보자.

가끔 분재 전시회를 가거나 분재원을 갈 때면 하나하나 특색 있게 가꾸어진 생명들을 보며 경외심을 느낀다. 분재에 대한 호불호를 떠나 있는 그대로 생명을 받아들이는 것, 그것 또한 부족한 나를 성장시키는 모티브가 되지 않을까.

취향이란 것은 그런 것이다.
각기 다른 취향의 맛과 멋. 모르고 있었던 나의 취향을
<어디서든 한달살이>로 낚을 수 있다면 이 또한 좋을 것이다.

10

미션으로 활용하기

지금까지 나온 글이나 아이템들은 모두 자기의 <어디서든 한달살이> 프로그램으로 활용할 수 있다.

때문에, 필히 어디론가 떠나서, 말하자면 일상의 공간이 아닌 곳에서 실행해 보시라. 어쩌면 내 삶의 힐링 포인트가 되어 줄 것이다.

자기 스스로 계획을 세우고 날짜를 정해 30일이라는 날짜를 채우는 사람이라면, 다음과 같은 여행을 실천하면 좋을 것이다. 적어도 한달에 한번 정도는 여행이나 취미활동으로 일상의 색깔을 바꾸며 나를 위한 셀프스토리텔링의 첫 장을 채워보자

다음 예시들은 인문학 투어 & 지역여행으로 활용해도 좋을 것이다. '어디서든 한달살이' 에서도 앞으로 참여형 여행 프로젝트로 시행할 계획이다.

각각의 여행 정보에 의거해 자신의 성향(외향성/ 내향성) 에 맞춘 계획을 짜거나 여행 방향을 스스로 계획해서 적어 본다.

✦ '어디서든 한달살이' 참여형 여행프로젝트 ✦

> 인문학 투어 & 지역 여행(여행지 특성특화 중심)

1 **부산 구도심 탐방 (중구/ 동구/ 서구/ 영도구 등)**
- 부산의 문화와 인물을 찾아 마을을 거닐다
- 부산에서 한달살기 : 체험 +생활
- 부산의 바닷가 탐방

2 **영월**
- 역사속 영월 (단종애사 등)
- 사라진 탄광문화와 도농 연계 마을 재생 현장을 보다

3 **속초**
- 다양한 해변과 관광지 중심 관광 /어촌마을에서의 쉼 등

4 **광주**
- 광주 양림동 인근 문화 탐방/ 5 18 민주화 묘역 등

5 **서울투어**
- 서울시티투어버스 타기 / 고궁과 옛문화를 찾아서(예: 경복궁~북촌 한옥마을)
- 현재 진행형 핫플레이스를 찾아: 성수동 마을 골목길 재생 현장 ~서울 숲
  홍대 앞 거리~합정동~상수동 핫플레이스

6 **고흥**
- 고흥먹거리 기행/ 바닷가 탐방/ +순천 여행
- 고흥에서 한달살기 시도

7 **사천**
- 왜성 탐방 (임진왜란 사천성 해전 역사기행)
- 벚꽃/ 흙사랑농장 탐방 /매화농장 체험

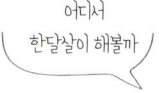

어디서
한달살이 해볼까

8 **천은사 템플스테이** : 지리산 둘레길

9 **기타**
- 보성 차밭/ 산청 지리산 둘레길 & 명상 프로그램 참여 / 감따기 체험

여리지만 강인한!

민들레 홀씨처럼 날아가 어느 곳에서 불쑥 일상을 시작한다는 것이 과연 가능한 일일까? 가능하지 않다고 꿈을 꾸지 못하는 것일까? 경험을 나누고 같은 경험을 하고 싶은 사람에게 응원을 보내는 일은 누구에게나 가능한 일이다.

　냉이, 고사리를 캐 본 적이 있는가? 달래를 채취해 봤는가? 봄이면 쑥을 캐기 위해 집을 떠나본 적이 있는가? 쑥 곁에서 냉이도 자라고 있는가?

　어느날 누가 말해 주었다. 쑥은 잎사귀를 먹고, 냉이는 뿌리를 먹는 나물이라고. 냉이는 흙속을 파고 들어 뿌리까지 캐야 한다는 걸, 나는 반백년의 인생을 산 후에야 알게된 지식이다.

　그걸 모른다고, 혹은 안다고 해도 별반 달라질 것은 없다. 하지만 봄이 오는 길목에서 냉이를 만나면, 흙속에 파묻힌 냉이 뿌리까지 내 생각속으로 쑥 들어온다. 이내 용케 살아남은 냉이는 꽃을 피우고, 그 어여쁜 꽃이 지고 나면 웃자라 하늘거리는 들풀이 되어 길가를 채우는 모습이 떠오른다. 이런 생각들이 내 인생을 조금 더 풍요롭게 해 준다는 것을 굳이 말로 표현해 본다. 표현하는 것과 표현하지 않는 것은 엄청난 차이가 있기 때문이다.

고사리

산길을 갈 때 고사리 이파리를 본다. 내게 각인된 고사리는 그늘진 산길에 새파란 잎새를 편 채 싱싱하게 하늘거리는 모습이다. 어릴 적 등산로에서 외삼촌이 가르쳐 준 다 자란 고사리 모습이었다. 그때는 제사나 명절 때 먹는 고사리 나물과 모양이 너무 달라서 내내 고개만 갸웃거리기만 했다. 내가 아는 고사리 나물은 진한 고동색이었고 끝자락이 돌돌 말린 귀여운 모습이었으니까.

사람들의 식탁에 오른 고사리 나물. 그것이 어린 싹으로 세상에 나와 자라기도 전에 싹둑 잘린, 사람 손을 탄 고사리라는 걸 사회 생활을 시작하면서야 알았다.

어느 섬으로의 여행. 동네 아낙들이 고사리를 따러 간다고 민박집 주인장이 함께 가자고 한다. 한번도 고사리를 따본 적이 없었던 사회 초년생은 어정쩡한 모습으로 칼과 바구니를 들고 따라 나섰다. '고사리를 딴다고?'. 신선했다.

들판 같은 얕은 산자락이 펼쳐지자 "고사리 천지"라며 희희낙락하며 뿔뿔이 흩어진 아낙들. 나보고도 얼른 고사리를 따라고 한다. 그때까지만 해도 나에게 고사리 이미지는 고동색 고사리 나물이거나 하늘거리는 잎새를 가진 것이 고사리였다. 그래서 눈을 씻고 찾아봐도 봄이 오고 있는 들판에는 누런 풀들만 보일 뿐이었다. 내 눈엔 고동색 줄기도. 푸른 잎새도 눈에 띄지 않았기에 조금 주춤거리면서 고사리 채취에 열중한 아낙들 옆으로 가서 쭈그리고 앉았다.

아낙들의 나물 바구니를 슬쩍 보니 거기엔 연한 쑥색의 가느다란 줄기들이 있다.

그런 순간에도 쓱쓱 고사리 줄기를 따는 손길이 분주하다. 이상타, 이상타...저런건 어디서 나오나? 뚫어지게 땅을 봐도 지들 편할대로 누워 있는 누런 풀들만 보일 뿐이다. 그제사 아주머니 한 분이 텅빈 나의 바구니를 보더니, 쯧쯧 혀를 차면서 내 손을 붙들어 당긴다. "여기", "여기" 하면서 손을 놀리는데, 나는 바구니에 담기는 고사리 줄기만 볼 뿐이었다. 그런데! 그제사, "아!" 하는 감탄사가 튀어 나왔다. 드디어 내 눈에도 땅을 뚫고 올라온 여린 고사리순이 눈에 들어왔다. 누런 잡초 사이로 수줍게 한줄기 올려 고개 숙인 연쑥빛 고사리. 렌즈가 줌인 되어 피사체를 끌어당기듯 하늘거리는 고사리 한줄기. "와! 진짜 고사리다!" 아줌마들이 와르르 웃는다. 그야말로 그곳은 고사리 천지였다. 걸음마다 밟히면 어쩌나 걱정할만큼. 어느새 나의 바구니에도 고사리순이 가득찼다.

그렇게 나는 또한번 문화 경험적 성숙을 맞았다.

스물네해를 살고 난 후 맞이한 어느 봄날이었다.

달래

20대 중반, 고사리 새순을 발견하고 인지한 순간은 경이로웠다. 비로소 나는 어린 고사리와 성체 고사리, 말린 고사리 각각의 모습을 파악할 수 있었다. "달래와의 관계"도 마찬가지다. 숨어있는 달래를 발견하고, 환희로 물든 내 마음을 차지한 달래. 그때부터 봄이 오면 달래는 내 맘 한 켠에서 서서히 봄을 뿌려준다.

'달래와 나'. 섬에서 겨울나기를 하던 때, 파도가 야금야금 해안을 먹듯이 봄이 겨울 깊숙이 들어와 전선을 형성할 때, 이장님이 나의 오두막으로 오셨다. 먹을 것도 없는데 달래나 캐서 먹으라고 하셨다.

"달래가 어디 있어요?"

"저기 밭 올라가는 기슭길에 달래가 천지요~" 하고 산넘어 가신다.
나도 얼른 바구니와 과도를 들고 산책 삼아 나갔다. 길 양 옆은 여전히 누런 풀들만 누워 있다. 달래는 한 뿌리도 못캐고 산넘어 바닷가에 갔다가 터덜터덜 내려오는데, 발걸음 빠른 이장님이 산에 갔다가 뒤따라 오신다. 내 빈바구니를 보시더니 달래 안캤냐고 묻는다.
"달래가 하나도 없던데요?" 심드렁하게 말했더니 발로 언덕길을 툭툭 차면서 "여기, 여기, 여기, 달래 천지구만." 하며 혀를 끌끌 찬다. 눈을 부릅떴다. 고사리를 처음 캤던 때가 불쑥 떠올랐다. 한참을 이장님 발자욱으로 누워버린 들풀을 본 후에야 초록빛 영롱하게 솟아난 달래가 보인다. 시장에서 본 숱이 길고 무성한 달래가 아닌 두갈래로 뾰족히 솟아난 여린 달래잎이 보인다. "아, 있어요. 여기에 달래 있어요."

크게 소리치니 내려가던 이장님이 손을 휘휘 저으며 많이 캐서 반찬해 먹으란다.

어찌나 신이 나던지. 칼을 흙 깊숙이 넣어 힘주어 달래를 캔다. 동그랗고 하이얀 뿌리가 여린 잎을 달고 부르르 떤다. 흙을 탈탈 털어 바구니에 넣는다. 나물 캐는 노동이 즐겁다. 그해 봄으로 걸어가며 냉이와 쑥, 달래를 원도 한도 없이 먹었다.

아는만큼 보이고, 보이는게 전부도 아닌 것이 인생살이인가 보다. 일상의 작은 기쁨은 내가 손을 내미는만큼, 내 발자욱이 찍히는만큼 나에게로 다가온다.

사유의 세계는 경험치와 비례해 평행으로 나아간다. 삶이 풍요로워질 수 있게.

미션1 좋은 사람 만나는 날

오래된 지인 찾아 나서기 또는 오래된 친구를 찾아가는 길.

반나절이든 한나절이든 시간을 별도로 내어 오래 만나지 못한 사람들을 찾아보려고 마음을 먹는다. 의무감으로 행해야 하는 일도 상관없다. 그러나 마음을 기꺼이 하도록! 즐겁지 아니한가.

미션2 오롯이 나의 시간

월차를 낸다. 일상으로부터. 빈마음, 무계획으로 하루를 보낸다.

한달에 한번 정도, 온종일 잠을 자는 것도 괜찮지 않나? 예전에 나는 석달에 한번 정도는 2~3일 씩 잠을 자곤 했다.

겨울잠을 자는 곰이 되는 듯한 생각. 물론 그리 잠을 자고 나면 허리도 아프고, 온 몸이 욱신거린다. 하지만 그렇게 자고나면 묵은 피로가 싹 가시고, 새로운 에너지로 충전된다. 사람은 저마다의 재충전이나 휴식의 아이템에 있지 않은가.

만약 그러한 것이 없다면 자기만의 아이템을 만들어 보기 바란다.

그것은 일종의 도피처가 되기도 하고, 휴식의 공간이나 시간이 되기도 한다.

미션3 애착하는 것들

왜 그런 옷이 있지 않은가?

보기만해도 기분 좋아지는……입기만 해도 날아갈 것 같은. 애착 옷이라고나 할까. 핸드백도, 구두도 그런 것이 있다. 닳고 닳았지만 내게서 떠나보낼 수 없는 것들. 그런 것들을 정리해 보자. 내 인생의 정리수납처럼.

소매단이 나들해 지도록 입는 옷, 밑창이 낡아 비가 오면 빗물이 스며드는 신발……그것을 처분했을 때 오는 섭섭함과 아쉬움. 그것 또한 수십년 동안 나를 지탱해준 나의 감정들이고, 그런 것들이 '나의 정체성' 밑바닥에서 여전히 숨쉬고 있을지 모른다.

오늘 내 삶에서 그런 시간을 떠올려본다. 아득한 먼 일이 되어 기억조차 흐릿할지 모르지만, 삶의 어느 엎저리에서 내게 위안과 평화를 주었던 시간들이 있을 것이다. 그런 시간들을 다시 걸쳐 입으며 힘을 얻을 수 있을까? 다시 내 시간의 주인이 되어 스스로를 바로 세워갈 수 있을까? 오늘, 지금여기에서 자기 인생의 핸드링을 하는 연습을 한번 해본다. 망설이지 않고, 미루지 않고 오늘, 이 시간에!

의식하든 의식하지 않든

자기 삶을 이 책 <어디서든 한달살이>에 대입해 보라.

　의식하든 의식하지 않든 이미 당신은 여러 차례 한달살이를 해 왔을 것이다. 다만 그것을 의식하지 못했을 뿐.

　의식한다는 것-그것의 힘을 알아차리고 그 힘으로 날아오르라!

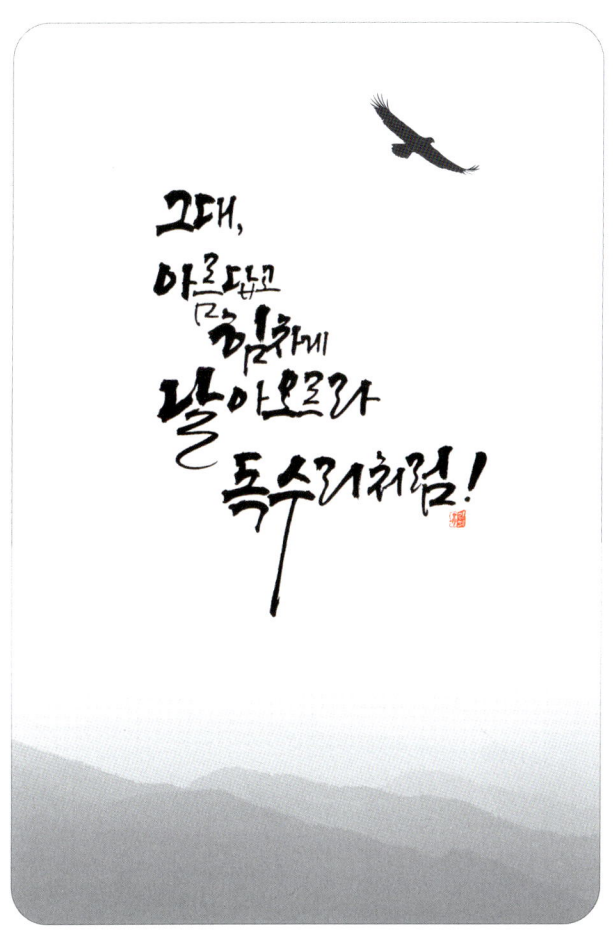

자기가 뽑은 서른개의 한달살이 아이템으로 상상을 해보라. 몇 개를 뽑아서 과거의 경험과 상상속 실행의 시간을 엮어서 나만의 여행기를 표현해 보라. 글을 쓰거나 그림 등으로.

왜 '어디서든 한달살이' 여행프로젝트인가?
자기 인생의 주인되기 & 오늘 행복하기를 위한 첫발걸음을 시작해보자.

Part 2

행하지 않는 것은
나의 것이 아니다

행·행·행
幸·行·洚

2장

어디서든
한달살이

행하지 않는 것은
나의 것이 아니다

친구가 어느 회사 앞에서 1인 시위를 한 이야기를 해 주었다.

꽃샘 바람이 불어대는 초봄부터 벚꽃이 흐드러지게 피어나는 봄날을 지나 여리고 푸른 잎새들이 앞다투어 돋아나는 시기까지. 홀로 현수막을 걸어놓고 묵묵히 현장을 지켰다고 한다. 회사 대표는 약속을 지키라고. 소수의 의견을 짓밟지 말라고. 침묵 시위는 대답없는 메아리로 맴돌았지만, 그녀는 그것이 정의라고 말했다. 결국 절반의 성공으로 시위는 마무리 되었지만 친구가 받은 상처는 컸다. 하지만 후회하지 않는다고, 똑같은 상황이 와도 또다시 홀로라도 나설 것이라고 한다. 그리고 함께 나서진 않았지만 동조하는 많은 이들의 마음도 알았다고 한다.

또 한사람 지인은 어떤 해의 목표를 매일 한사람을 만나는 것으로 세웠다. 누구이든, 어떤 목적을 가지든 한사람을 만나는 것. 언뜻 들으면 하루 한사람 만나기가 쉬울 것 같았다. 곰곰 생각하니 매일 한사람을 특정해서 만나는 것이 쉬운 일이 아니란걸 깨닫는다. 그거 힘들지 않으셨어요? 엄청 힘들었죠. 다시는 그런 계획 안세워요. 매번 새로운 사람을 만나는 것도 아니고, 어제 만났던 사람을 오늘 또 만나도 상관

없는 계획이었지만 매일 사람을 만나는 것은 힘들고 힘든 일이었어요. 그의 말이다.

　내가 하지 못하거나 내가 하지 않는 일을 하는 모든 사람들이 존경스럽고 경이롭다. 매일 같은 시간에 운동을 하는 사람, 매일 만보 이상 걷는 사람, 매일 요리하는 사람, 지속적으로 선행을 행하는 사람들 등등.

　매일! 목표한 무언가를 하는 사람, 내가 하지 못하는 모든 것을 하는 사람 경외하기. 문득 든 이 생각을 마음 주머니에 담으니 나와 다른 모든 이들을 존중하게 된다.

　생각의 전환, 생각넓히기. 이것이야말로 내 삶의 폭을 깊고 넉넉하게 만들어 주는 것은 아닐까.

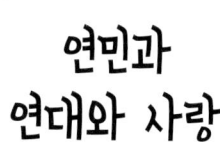

연민과
연대와 사랑

'연민과 연대와 사랑', 이것이 내 삶의 길 위에 놓여 시시때때로 꽃피울 수 있기를 희망한다.

절망이 끝간데까지 다다르면 희망이 올라오는 것을 느껴본 적이 있는가?

절망의 또다른 이름—희망. 마치 샴쌍둥이처럼 등을 맞대고 고집스레 한쪽만 보여주는 절망 또는 희망이란 이름. 그러니 견뎌야 한다. 절망의 밑바닥, 또는 꼭대기에서 바라보는 희망의 또다른 이름은 기다림. 절망의 또다른 이름은 기다림.

끝간데없는 절망속에서 부유하면서도 견딜 수 있었던 것은 오로지 타인으로 향한, 타인으로부터 오는 연민과 연대와 사랑때문이 아니었을까.

찾아보라. 인생의 그 시점들을. 그리고 안아주라. 그 아픔과 슬픔의 시간들을! 사람이라면, 수십년 자기만의 길인 인생을 걸어온 사람에게 고통과 절망의 조각들은 늘 있게 마련이라, 그것이 또 자신을 단단하게 해주는 '무엇'이 된다.

하여, 그 누구에게도 '자기' 인생은 위대하다.

익숙하지 않아
눈에 띄지 않는 것들

진달래꽃 & 먼 바다에
떠 있는 배

내 삶에 익숙한 것들이 많아지면 상황이 비슷해질 때 편안해지기도 하고 오히려 불안해지기도 한다. 그때그때 달라지는 사안들을 내가 익숙한 것과 대조해 판단해 버리는 경우도 많다. 어쩌면 그런 순간들이 모여 타성이 되어 버릴지도 모른다.

앞선 글에서 이미 말했듯이 익숙하지 않아 눈에 띄지 않는 것들이 너무 많다.

나에게는 어린 고사리가 그랬고, 달래가 그랬다. 냉이와 쑥은 어릴 때부터 지천에 깔린 것을 보기도 하고 캐기도 해서 그런지 봄이 되어 야외로 나가면 잘 보인다. 50살이 넘어 알게된 보자기풀(봄나물로 많이 먹음)도 이제는 구분이 된다.

익숙하지 않은 많은 것들이 보석처럼 자기를 둘러싸고 있어도 정작 본인은 그것이 귀한 줄도, 아름다운 줄도 모르고 지나가 버리는 경우가 많다.

섬에서 지낼 때 산너머 바닷가 산책을 매일 하면서 산꼭대기 양지 바른 곳에 앉아 먼 바다를 바라보는 것을 즐기기도 했다. 바위에 앉아 바다를 본다. 먼바다에는 제법 큰 배들이 떠있다. 가만히 보고 있으면 그것들은 움직이지 않고 바다위에 가만히 떠 있다. 보고 있자니 답답하고 지겨워 눈을 돌린다.

"앗, 진달래다."

산꼭대기로 올라올 땐 못 본 진달래다. 얼굴은 물론 마음속으로부터 함박웃음이 터져나온다. 어느새 봄이 오는구나. 진달래가 피는구나. 진달래는 나에게 익숙한 꽃은 아니지만 반가운 꽃임에는 틀림없다. 아, 한가지에만 진달래꽃이 피었는 줄 알았는데, 산 능선을 따라 진달래꽃들이 피어나고 있었다. 몸을 움직여 꽃을 보러 간다. 한참 진달래와 놀다가 다시 바위로 돌아와 앉았다. 어느새 배들이 사라진 것도 있고, 위치를 바꾼 배들이 눈에 들어온다. 배들은 나와 상관없이 부지런히 자기 갈 길을 가고 있었던 것이다.

세상에는 가까이 봤을 때 좋은 것이 있고,
멀리 두고 볼 때 좋은 것이 있습니다.
하지만 많은 경우 적당한 거리를 두고
보는 것이 좋습니다.

다이아몬드는 가까이서 볼 때
그 아름다움이 극명하게 눈에 들어오고
산이나 바다 등 좋은 풍경들은 멀리서 봐야
전체를 관망할 수 있고 좋지요.
사람과 사물의 거리는 적당히 유지해야 하는
경우가 좋다는 것을 알게 될 것입니다.

신기한 생각이 든다. 다시 바라보는 배들은 움직이지 않는 듯 했다. 나는 그제사 지켜보는 것만이 능사가 아니라는 것을 깨달았다. 때로는 멀찌감치 떨어트려 놓고 가끔씩 보는 것도 좋다는 걸 새삼 알았다. 배 한 척과 진달래꽃의 선물이다. 그때 나에게 세례를 주신 신부님이 하신 말씀이 새삼 떠올랐다.

내가 처음 직장을 가지고 너무 좋아하며 자랑했을 때 신부님이 해 준 말이 내가 인생을 살아가면서 크고 작은 판단을 할 때 바로미터가 되어 주었다.

나는 가끔 힘들거나 나도 어찌할 수 없는 짜증이 올라올 때, 섬꼭 대기에서 바라본 바다와 배를 떠올린다. 그러면 고개짓을 했을 때 눈을 가득 채운 진달래꽃이 떠오른다. 더없이 귀한 내 삶의 인센티브다. 인생의 가장 험했을 때 길을 걸어온 그 발자국들이. 고마운 꽃이 되어 지금도 피어난다.

앞으로 이루고 싶은 자기 목표를 생각하고 적는다.

제대로된
노인으로 살아가기

지팡이가 되어줄
무엇가를 찾고 행하기

기록하기

생각의 전환

2024년 2월 25일. 이○영 선교사를 만났다.

필리핀에서 선교하는 그는 눈이 급격하게 나빠져 치료 차 한국에 몇 달을 머물렀다. 앞이 보이지 않아 급히 한국으로 들어왔는데 흐린 눈으로 치료를 받고 재활하느라 여름과 가을, 그리고 겨울을 보내고 있었다. 2023년은 나 역시 수술과 투병을 하던 해인지라 그의 병세가 완화되고 치료되기를 기도할 뿐이었다. 가족들은 선교지인 필리핀에, 당사자는 눈치료를 위해 한국에 있으니 그 마음이 또 얼마나 힘들었겠는가.

해가 바뀌고도 두달. 아, 어쩌면 선교지로 돌아가셨을 수도 있겠구나 싶은 생각이 들자 마음이 갑자기 바빠졌다. 아닌게 아니라 연락을 하니 곧 돌아간다고 한다. 눈은 조금 불편하긴 하지만 일상생활을 하기엔 지장이 없을만큼 회복되었다니 얼마나 감사한가. 출국하기 전에 얼굴을 보자고 하며 급하게 약속을 잡았다. 흔쾌히 시간을 내어주었고, 우리집 근처로 오셨다. 나를 위한 배려였다.

그는 중국에서 활동하던 선교사였다. 중국에서 활동한 많은 선교사들의 경우처럼 그도 수년간 현지에서 사역을 하다가 어느 정도 자리가 잡히자 추방됐다.

삶의 기반을 잃은 셈이다. 다시 빈몸으로 한국으로 돌아와 선교사로서 새로운 설계를 했다. 그때 만났다. 내가 선교를 위한 잡지를 만드는 일로 연결되었을 때 그곳에서 일하고 계셨다. 가끔 사택에 초대 받아 소박한 저녁을 함께 나누곤 했다. 나도 그 일을 그만두고 선교사님은 가족들과 함께 필리핀 민다나오로 떠나셨다.

그는 어디에 있건 주님과 함께, 주님 안에서 예배하는 것에 평생을 걸었다. 영성, 지적탐구와 지적능력을 구하며 사유의 확장을 위해 노력한단다. 선교지에서 영성의 고갈을 느낄 때 힘들다는 것을 안다. 채워주시는 분은 그 분이시지만, 나약함 역시 인간의 특성 중 하나이기에.

선교사님은 얼마 전 만난 사촌 형님 목사님 이야기를 해 주었다.

40년 목회를 하고 은퇴한 사촌 형님 목사님은 청소 일을 하며 붕어빵을 팔고 있다고 한다.

그 분은 평탄하지 않은(?) 선교사 생활을 하는 사촌 동생에게 자신은 지금이야말로 "가장 완전한 복음을 전하고 있다."고 말해 주었다.

만나는 한사람 한사람을 온전히 예수님으로 받아들이며, 선으로 만난다고 말씀하셨다. 덧없이 흐르는 시간 속에서 순간을 살아가며 참기쁨을 얻는다는 사촌 형님 목사님의 말씀에 먹먹한 가슴을 안고 돌아왔다는 선교사. 자기 사역지로 돌아가서 무엇을 어떻게 해야할지 분명하게 떠오른 만남이었다고 조용히 전해준다.

사람은 무엇을 어떻게 행하는 것도 중요하지만, 그것으로 마음 그릇에 무엇을 채우는가가 정말 중요하다는 생각이 든 하루였다. 선교사님과 만나면 사역 이야기를 듣고, 나의 주님에 대한 얘기를 나누고, 또 그분의 주님 이야기를 들으며 시간 가는줄 모른다. 참 좋은 관계다. 각자 다른 장소에서 다른 방법으로, 영성과 지성을 키우면서 서로의 기도속에서 만날 수 있는 것이 큰 축복이다.

아직도 가야할 길
멈출 수 없는 길,

그 길을 향한 여정에서 만난
만남과 교제는
내 삶의 축복이다.

때로는 한 편의 영화가, 한 편의 드라마가

큰 울림을 준다.

일상의 루틴이 잔잔할 때면 모를까,

어떤 일. 어떤 프로젝트가 몰아칠 때는

그저 내몰려 휩쓸리기도 한다.

하지만 폭풍우는 오래가지 못한다.

반드시 끝이 있다는 말이다.

그 끝을 위해, 오늘 하루 정도는

오롯이 쉬자.

오늘 하루의 쉼표가

도움닫기에 새 활력을 주리라.

나에게로 온 새 날

오늘은 빵을 나누자. 내가 나눌 수 있는만큼.

어느 쉼터도 좋고, 사회복지 단체에 후원금을 조금 보내는 것도 좋으리라.

아주 가까운 이들과 부담없이 나누는 것도 환영이다.

이런 생각 속을 맴돌다 시계를 본다.

두시에 회의가 잡혀 있다. 줄잡아 서너 시간은 충분히 걸릴 것이다. 간식을 좀 준비했다. 넉넉하게.

"뭘 먹으면서 회의를 하니, 힘들지도 않고 시간이 후딱 가네요."

복잡하고 머리 아픈 긴 회의가 끝난 후 나온 말이다.

조금 으쓱해진다.

그래. 빵이 주는 행복이다.

빵은 실체가 있는 행복이다.

언제나 나에게로 오는 새 날을 위해 오늘도 마음을 활짝 연다.

장소도 나이를 먹는다

2024년 11월 26일, 카페 가무.

20대 때 나는 무슨 생각을 하며 어떻게 살았던가?

삶의 물살에 휘말려 어푸어푸 밭은 숨을 내뱉으며 치열하게만 살았던 것은 아닌가. 분명 그렇지만은 않았을 것이다.

행복은 순간순간 찾아오고 이내 짧은 꼬리만 남기고 사라진다. 그 행복의 잔상이 주는 기쁨에 젖어들었을 때가 분명 있었을 것이다.

고통도 마찬가지일 것이다. 다만 행복과 고통이 가진 명암을 어떻게 나눌 것인가에 따라 내 삶의 지표가 흔들리기도 단단해지기도 할 것이다.

명동의 골목길에 자리한 카페 가무. 3층 창가에 앉으면 중국대사관 정원이 내려다 보이는 곳. 비엔나 커피가 맛있었던 곳, 창가 자리는 차지하기 쉽지 않았다. 창가에 앉는 날은 정말 운이 좋은 날, 그런 날들이 꽤 있었다. 몇 십년 전에는 혼자 카페(아마 그때는 커피숍이란 말로 불리지 않았을까?)에 앉아 있는 것이 익숙한 광경도 아니었고, 그러려면 큰 용기도 필요했다. 나야 물론 혼자 간 것은 아니다. 두명 혹은 세명이 함께 커피를 마시러 자주 갔던 곳, 수다를 떨지 않고도 창밖만 바라보고 앉아 있을 수 있는 곳, 서울 명동 한복판에 애정하는 그런 곳이 있다는 것이 즐겁기만 할 때였다.

지난해 어느날, 작은 딸이 카페 가무에 가봤느냐고 물었다. 그곳이 아직 있느냐고, 너는 그곳을 어떻게 알았느냐고 속사포처럼 질문을 던졌다. 단지 카페 '가무'라는 단어만 듣고도 생각은 나의 2~30대로 화르륵 넘어가 버렸다. 딸도 조금 놀란 듯 하다. 엄마가 아가씨 때도 카페 가무가 있었다고? 물론!!! 엄마는 그 때 가보고 지금은 안 가봤다고? 이제 가봐야지!

요즘 젊은이들 사이에 새롭게 와인샵이나 음식점으로 새단장을 한 을지로 노포들이 인기가 있다. 좁은 인쇄소 골목길에 어둑하게 있는 와인샵에도 여러번 가기도 했다. 물론 우리 일행들이 가게의 평균 연령을 엄청 높이기도 했지만 젊은이들의 문화에 젖어드는 묘한 감정이 올라오곤 했다.

명동에 주된 일터가 있는 관계로 명동과 을지로 등의 변화는 비교적 일찍 접하기는 했다. 오래된 골목길이긴 하지만 새롭게 하나 둘씩 문을 여는 가게들을 찾아가 보는 것도 의외의 기쁨을 주기 때문이다.

그런데 가무라니!

카페 가무는 카페의 성지처럼 젊은이들이, 관광객들이 한번씩 가는 곳이라는 설명도 덧붙여진다.

가무는 그렇게 스스로의 이야기를 만들어가고 있었다. 젊은이들과 함께. 어느 연령대에는 추억여행이란 좋은 장소도 제공해 주며, 카페 스스로는 모르는 사이에 나이를 먹고 있었다.

내 마음속 직관주머니

"햇빛만 쨍쨍 째면 그곳은 사막이 되는거야.

비도 오고 바람도 불고 해야 그것이 옥토가 되는거야."

커피를 마시는 자리에서 지인이 전화 통화를 잠시 한다. 커피 맛을 음미하며 가만히 기다리는데 흘러 들어오는 말. 스쳐 지나가는 한마디 말에 귀가 솔깃해진다. 나에게 하는 말은 아니라도 울림이 크다.

직관적 삶.

그저 들리는 것을 듣고 느껴지는 마음을 담고, 흘러가는 시간 속으로 나도 흘러간다.

내 마음 안에 이런 직관의 주머니를 만들어 놓는다.

여전히 내 인생은 달릴 것이다. '죽음'으로 인해서만 급정거가 가능할 뿐이니, 그 길에 비도 오고 바람도 불고 폭풍우가 몰아칠 때, 이 말을 떠올릴 수 있다면 그것이야말로 행운이 아닐까.

더 늙어도 내 인생의 청춘에 대한 그리움을 털어낼 수 없을테니. 지금이라도 내 남은 인생의 가장 젊은 날의 직관을 사랑하자.

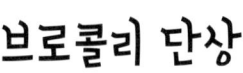

브로콜리 단상

계룡산 자락에 소담스레 자리한 씨튼수녀회 영성의 집 피정센터.

우연히 만난 그곳에서 개인 피정을 했다. 그곳을 처음 알았고, 개인 피정을 할 수 있다는 것을 아자마자 바로 피정 신청을 했다. 마침 계룡산에서 내가 참석한 프로그램이 끝나는 날이 토요일이었고, 집으로 돌아가지 않고 주말을 피정의 집에서 지내기로 한 것이다. 집에는 월요일에 돌아간다고 연락을 했다.

미처 갈무리 되지 못한 수많은 갈등과 고통을 이 산자락에 내려놓을 수만 있다면 몇날 며칠이라도 머물 수 있을 것 같았다.

산자락은 고요했고 피정자는 개인 피정을 온 몇 분이 다였다. 대부분 침묵 피정 중이었고, 식사 시간이 되면 식당으로 가서 조용히 식사를 하곤 했다. 그날 점심 때였다. 산책을 겸한 기도를 하고 조금 늦게 식당에 들어섰다. 큰 창으로 들어오는 초겨울 산풍경이 우선 나를 사로잡는다. 수녀님들이 차려주는 밥상은 언제 어느 곳에서 먹어도 맛있다는 걸 아는 나로서는 이 식사 시간이 무척 기대 된다. 큰 접시에 마련된 반찬을 나의 그릇에 담아서 자리로 가면 된다. 반찬 중에 오징어와 파를 데쳐 묶은 것이 마련돼 있었다. 가장자리엔 꽃처럼 브로콜리가 장식돼 있었고, 가운데 자리에 소복하니 파를 감은 오징어가 얌전히 앉아 있었다. 나는 조심스레 오징어를 집어올려 넉넉하게 나의 접시에 담았다. 그리고 몇가지 반찬을 더 담아 자리로 갔다. 모두들 행복한 얼굴로 점심을 먹고 있다. 특별히 눈여겨 보지 않는데도 다른 사람의 접시 위에 담긴 브로콜리가 눈을 채운다. 어, 브로콜리도 반찬으로 나왔나? 나는 왜 보지 못했지?

조금 억울했지만 브로콜리를 먹지 못하고 식사를 마쳤다. 그제서야 접시 가장자리에 꽃처럼 장식돼 오징어를 돋보이게 했던 브로콜리도 오징어와 곁들인 반찬이었다는 것을 깨닫는다. 살짝 충격이 왔다. 나의 사고 방식에 대한. 음식은 음식으로 그 소명을 다할 수 있어야 하는데 나는 왜 그것도 먹는 반찬이란 생각을 못했던 것일까? 너무 소담스러워서 그랬던 것일까? 아니면 주변을 살피지 못한 나의 불찰이었을까? 오래도록 이 장면은 기억 속에 남아 있다.

침묵피정은 나에게 많은 선물을 주었다. 내면의 힘이 나의 불안과 두려움을 잠재워 준다. 피정을 마치고 돌아갈 때 원장 수녀님께 브로콜리 얘기를 했다. 너무 이쁜 장식이라 차마 먹는 것이라 생각지 못하고 보기만 했는데, 사람들이 브로콜리를 먹어서 너무 놀랐다고……원장 수녀님이 크게 웃으면서 언제고 브로콜리를 먹고 싶으면 오라고 하시면서 환송해 주신다. "자매님 얼굴에 근심이 사라진 것 같아서 기뻐요~"하시면서. 그 겨울의 씨튼 영성의 집에서 보낸 시간들은 내게 보약같은 힘을 주었다.

· 단절 ·

단절이다. 무슨 이유에서건 일상과의 단절은 꼭 필요하다. 하던 일을 미루는 것이 될 수도 있지만 일상과의 단절은 신선하다. 하지만 어떻게 단절을 할 수 있겠나?

단절도 훈련이다.

톱니바퀴처럼 조여 돌아가는 일상에 작은 틈을 내어 멈춰 세우려면, 멈춰도 고장이 나지 않게 하려면 훈련이 필요하다.

멈춤은 움직이는 것과의 단절이다. 멈출 수 없는 삶속에서 일단 멈춤을 해야 할 때 순식간에 막막함이 에워싼다. 그 막막함 안에서 허우적거리더라도 참 나를 만나야 한다. 그러기 위한 훈련이 필요하다. 자, 내 안에 잠들어 있는 나를 향해 살며시 손을 내밀어 보자.

어디서든 한달살이가 의외로 좋은 훈련이 될 수 있다. 반대로 이런 훈련들을 통해 나는 언제, 어디서든 한달살기, 일년살기를 할 수 있을 것이다.

· 어딘가로 떠나고 싶은 마음을 붙들어 매기 ·

이것은 어쩌면 욕망과도 관계가 있을지 모르겠다.

무언가를 하고 싶다는 마음을 가라앉고 평정을 찾는 것. 일상의 아름다운 문을 하나 만드는 것. 크건 작건 나의 욕망을 마주하는 것.

죽는 날까지 내가 해야할 숙명 같은 것.

09

나의 보리밭

**푸른 싹이
던져준 희망**

그 해 가을부터 겨울의 초입까지 나는 일상에서 떠나는 훈련을 하고 있었다. 지나고 보니 그것은 준비라기보다는 본능적인 훈련이라는 생각이 든다.

두려움이 왜 없었겠는가. 아니 사실 두려움 밖에 없었는지도 모르겠다. 낭만적인 한달살기가 아닌, 현실에서 쫓겨나다시피 결정한 일상과의 단절이었다. 그러하기에 두려움은 의연함으로 포장한 나의 내면속에서 삐죽삐죽 올라와 사방으로 방어기재를 발동하고 있었는지도 모르겠다.

그래서 섬에 들어가 겨울 한철을 살다가 오겠다고 했을 때 가족들과 형제들, 그리고 지인들이 걱정 섞인 침묵으로 일관했다.

언니는 이왕 모든 일을 그만두고 떠나기로 결심을 했다면, 그때까지 성경통독피정을 다녀오라고 했고. 막내동생은 한마음수련회에 가보라고 권했다.

그리고 일찌감치 귀농을 한 지인의 집을 방문했다. 지인은 "땅이 주는 치유의 힘이 있어요. 어디든 떠나서 땅위에 발을 딛고 있으면 시간이 해결해 줄 거예요. 나라고 엄마를 모시고 살던 곳을 떠나 이곳에 와서 좋기만 했겠어요?"라고 가만가만 얘기해 준다. 모두 고마웠다. 두려운 마음은 여전히 사라지지 않았지만 '혼자'라는 외로움에서는 조금 벗어날 수 있었다. 내가 어디에서 무엇을 해도 나 자신의 있는 그대로의 모습을 봐주는 사람들이 있다는 것이 큰 지지가 되어 용기를 주었다.

삼랑진 오순절평화의수녀회에서 진행한 신약성경통독피정에 참석을 했다. 2박 3일 동안 먹고 자는 시간만 빼고 팀을 이뤄 성경을 통독하는 시간. 내 마음에 담기는 내용은 많은 부분이 '두려움'에 관한 것이었고, 예수님은 곳곳에서 "두려워하지 마라. 나다."라고 용기를 주셨다. 나도 모르는 사이에 성경이 내 마음에 스며들었고, 그것으로 '떠남'에 대한 '용기'를 선물 받고 있었는지도 모른다. 이미 내 맘 속에 있었던 성령이 더 활발하게 움직였을 것이다. 나는 더 이상 두렵지 않고 나의 현실을 담담하게 직시하는 힘을 얻고 있었다. 이듬해 1월에 있을 신구약통독피정에도 반드시 참여하리라 마음 먹고 나는 피폐해질대로 피폐해진 나의 일상에 따스한 눈길을 주었다.

그리고 겨울의 초입에 들어서면서 찾았던 곳은 막내 동생이 가보라고 권유했던 일주일 과정의 한마음수련회 프로그램이었다. 동생이 프로그램비를 지원해 주었다. 고마운 마음으로 도착한 계룡산 자락의 수련원에서 내가 믿는 종교 가톨릭의 기도를 조금 더 마음으로 끌어당겨서 하는 방법을 홀로 체득할 수 있었다. 그것이 좋았다. 강의를 듣거나 어떤 프로그램에 참여하든 집중력 하나는 기가 막히게 실현시켰던 나의 습관이 며칠 동안의 모든 프로그램에 빨려들 듯 집중할 수 있게 해주었다. 그리고 내 앞에 놓인 시간에 충분히 감사할 수 있었다.

침묵의 시간에 소나무로 둘러싸인 그곳 수련원에서 벗어나 언덕길로 올라갔다. 조금 숨이 찬 듯 올라간 언덕길 아래 펼쳐진 풍경은 감탄을 자아내기에 충분했다. 아, 막 싹을 틔워 자라기 시작한 푸른 보리밭이 아득하게 펼쳐져 있었다. "보리밭이다, 보리밭!" 나도 모르게 튀어나온 말. 그리고 한뼘만큼이나 자랐을까, 어린 보리싹들이 말없이 나를 맞이해 주었다. 마음이 더없이 상쾌해졌다. 숨어있던 보물을 발견한 듯했다. 그것으로 족했다. 겨울의 보리밭이 주는 의미를 정의할 새도 없이 이미 마음 한자락을 차지해 버린 보리밭. 그것은 사는 내내 내게 희망으로 되살아나곤 했다. 조금 가벼운 마음으로 언덕길을 되돌아 나와서 산을 넘는 찻길을 따라 조금 더 걸었다. 아, 그곳에서 나는 뜻밖의 건물을 맞닥뜨렸다. 사랑의 씨튼 수녀회. 그리고 씨튼 영성의 집. 이 산속에 피정의 집이 있다니. 발길이 나도 모르게 안으로 향했다. 이곳에 처음 발을 디딘 것은 정말 우연이었다. 그리고 나는 그곳에서 '향심기도'라는 선물을 받았다.

또 하나의 보리밭

나의 보리밭, 그 겨울의 푸른 물결을 넘고 봄날 감꽃비가 내릴 즈음 황금 물결을 이루는 보리밭이 피어난다. 지난해(2023년)에 하늘나라로 떠난 나의 친구. 1970년대 끝자락, 그 친구는 교대를 나와 영덕 원진의 작은 초등학교에서 선생님을 하고 있었다. 새내기 선생님의 시골 자치방에 찾아간 것이 대학 3학년, 봄이 무르익었을 때였다. 시골 친구의 자치방도 궁금하고, 그녀의 교사생활도 궁금했다. 무엇보다 학교는 달랐지만 대학시절 한주가 멀다 않고 만나고 수다를 풀어냈던 친구가 보고 싶었다. 그 친구는 교대 다닐 때 열 살이나 어렸던 내 막내동생의 가정교사였기도 했다.

그러니 얼마나 자주 만났겠는가. 지금이야 영덕 울진까지 가는 길도 많이 좋아졌지만 그 때는 대구에서 시외버스를 타고 경주를 거치고 포항을 지나 영덕까지 가야 했다. 거기서부터 또 다른 버스를 타고 친구의 학교가 있는 마을까지 비포장도로를 가야 했다. 분명히 나는 수업을 땡땡이 치고 그 먼 골짜기까지 찾아들었을 것이다. 초임 교사시절, 낯선 곳에 발령받아 직장생활을 시작했을 친구가 반가이 나를 맞이한 것은 불을 보듯 뻔하다. 하지만 그녀는 아침이 되면 출근을 해야 했고, 그 작은 자치방에 오도카니 있었던 나는 해가 조금 높게 뜨면 마을길을 찾아 나섰다. 마을에는 커다란 감나무가 우뚝 서 있었고, 감나무를 지나 조금만 더 가면 누럿누럿 황금빛으로 물들던 보리밭이 나왔다. 나는 가곡 '보리밭'을 흥얼거리며 보리밭 사잇길을 걸었다.

보리밭 사잇길로 걷다보면 뉘이 부르는 소리있어 나를 멈춘다. 옛생각이 외로워 휘파람 불면 고운 노래 귓가에 들려온다. 돌아보면 아무도 뵈이지 않고 저녁놀 뵌 하늘만 눈에 차누나

수십년의 세월이 흐른 지금도 친구가 있었던 학교나 마을의 다른 모습은 흐릿해졌지만 황금빛 물결이 넘쳐나던 보리밭은 수시로 박제된 기억을 풀어내고 바람처럼 나를 흔든다.

밀밭과 보리밭은 푸르름과 황금빛으로 나의 뇌리에 또아리를 틀고 있다. 그리고 보리밭과 연관된 동화 한 편도 삶을 비춰주는 이정표처럼 마음에 담겨져 있다.

종달새의 지혜

종달새는 둥지를 보리밭에 만든다고 한다. 새끼 종다리를 위해 먹이 활동을 하러 날아오를 때 어미 종다리는 둥지에서 바로 하늘로 날아오르지 않는다. 한참을 짧은 다리로 종종종 보리밭을 뛰어가다가 둥지에서 충분히 멀어졌다고 생각할 때 하늘을 향해 날아오른다. 집으로 돌아올 때도 마찬가지이다. 보리밭 속으로 낙하한 후 한참을 걸어서 둥지를 찾는다. 날지 못하는 새끼들은 어미를 종일토록 기다리다가 돌아온 어미에게서 먹이를 받아먹곤 한다. 그렇기 때문에 보리농사를 짓는 농부들은 종달새를 잡기 힘들다고 한다. 보리밭을 날아오르는 종달새를 보고 그 자리에 가봤자 둥지는 그곳에 없기 때문이다. 경험 많은 농부들은 종다리의 이런 습성을 안다고 한다.

#1　　보리밭이 황금 물결을 이룬다. 이제 추수할 때가 되었다. 종달새 가족들도 정든 둥지를 떠나야 할 때가 되었다. 아기 새들이 걱정을 한다.

"엄마, 보리를 다 베어 버리면 우리가 잡혀버리잖아요."

"걱정하지 마, 아가들아. 오늘 농부가 밭에 와서 무엇이라 얘기하는지 듣고 꼭 엄마에게 얘기해야 한다.""네, 알겠어요 엄마."

#2　　보리밭을 가로질러 둥지로 돌아온 어미 종다리가 아기새들

에게 물었다.

"오늘 농부가 뭐라고 하더냐?"

"내일은 OOO네 집에 말해 같이 추수하자고 해야겠다. 라고 했어요."

"그래? 그럼 며칠 더 이곳에 있어도 되겠구나. 얘들아 내일도 농부의 말을 잘 들어봐야 한다."

#3   며칠 후, "엄마, 엄마. 농부 아저씨가 오늘 보리밭을 다 둘러본 후, 내일은 내가 추수를 해야겠다. 하고 돌아갔어요."

"그래? 그럼 얘들아, 우리도 내일 아침 일찍 이사를 가야겠구나. 서두르자."

"왜요? 왜 내일은 이사를 가야 해요?" 아기 종다리들은 며칠씩이나 농부가 추수를 하지 않았는데, 내일이라고 할까 싶은 모양이다. 엄마가 아기들에게 조용조용 설명해 준다.

"사람들은 자기 일이 아니면 자일피일 미루기 일쑤지. 누구에게 부탁한다하면 제대로 되지도 않아. 그 농부가 내일 직접 추수한다고 하면 자기 일이니까 미루지 않고 할거야. 명심해. 누구든 남의 일을 자기 일처럼 해주는 경우는 드물어."

어린 시절 하늘을 쳐다보면 뱅글뱅글 도는 새가 보이곤 했다. 이내 그 새는 아래로 쏜살같이 떨어지곤 했는데, 할머니는 그것이 둥지로 돌아가는 종달새라 말해 주셨다.

살면서 게을러지려 할 때면 이 동화가 한번씩 생각난다. 종달새 어미의 말이 종달종달거리며 나를 '즉시성'으로 인도해 준다. 오늘 일을 내일로 미루지 말고, 내가 해야할 일을 남에게 미루지 말라는 사려깊은 조언처럼!

10

오티움

몇 년 전 가톨릭평화방송의 <행복나눔토크-살리는 이야기> 프로그램에 작가로 참여했다. 강서 50플러스센터에서 녹화를 했는데 방청객들도 주로 50플러스 세대였다. 그들이 꿈꾸는 행복과 나눔은 어떤 것일까? 나는 또 어떤 행복을 꿈꿀까?

　어느 회차에 문요한 선생님을 초대해 이야기를 나누었다. 토크의 주제였던 '오티움'에 대한 이야기는 내게 커다란 위안을 주었다.

　　오티움[Otium] : 내 영혼에 기쁨을 주는 능동적 여가 활동
　　행복한 나를 만나는 시간
　　진짜 나를 발견하는 시간

비로소 나는 '나의 오티움'에 대한 생각을 한다.

현재 즉시 —지금 여기

해마다 한 두 번 침묵피정을 하며 나를 온전히 주님께 맡기는 작업(?)을 한다. 2박 3일, 혹은 3박 4일 오롯이 침묵 속에서 하느님 현존 안에 머무른다. 이것은 결코 나의 의지로 되는 것은 아니다. 침묵으로, 내 안에서 활동하시는 주님의 뜻에 동의하며 나를 내어드리는 일. 여전히 잘 되지 않는다. 순식간에 예전의 나로 돌아가버리는 '습'이 나를 지배한다는 것을 알아차릴 때마다 "내 안에서 활동 하시는 주님"께로 돌아간다. 그야말로 완전한 초대다. 참 많은 훈련을 했고, 지금도 온 힘으로 기도수련을 하는 편이다. 그래서 이제는 단순기도, 침묵기도가 나의 오티움이란 생각이 든다.

지금부터라도 자기만의 오티움을 만들어 보는건 어떨까?

점점 더 길어지는 인생길에 자기만의 '쉼터'와 '놀이터'를 만들어가는 것도 나름의 묘미가 있지 않을까. 어디서든 한달살이의 부수적 선물처럼.

나의 오티움 – 나눔

인연은 참 소중하다.

몇 년에 걸친 부산 이태석신부기념관 기획전시와 그에 따른 만남들. 새로운 만남도 있고, 묵은 만남을 새로이 한 것도 있다. 돌아보면 참 신기하고 감사한 인연들이다. 다른 도시들과도 사람을 통한 인연이 이어지는 경우가 많았지만 나와 '부산'과의 인연은 특히 오랜 세월을 거치면서 그런 과정을 거친 것 같다.

빛바랜 기억속의 길 오늘, 기쁨으로 채색되다

1980년 11월 초, 부산 주재기자로 발령받았다. 낯선 도시에서 자취를 하면서 일을 배우며 몰입했다. 1982년 3월에는 시대를 흔들었던 부산 미문화원 방화사건이 있었고, 검거된 이들은 부산지법에서 재판을 받았다. 재판이 있는 날엔 법원 마당에서 시위가 있었고, 현장 취재를 위해 늘 그곳에 갔던 기억이 선명하다.

요즘은 잘 쓰지도 않는 주재기자란 단어. 우리 회사의 부산지역 기자는 나홀로라서 부산 전역과 경남 일대를 홀로 커버해야 하는 바쁜 나날이었다.

1984년 한국천주교 200주년을 맞아 역사상 최초로 교황 요한바오로 2세의 한국방문이 이뤄졌다. 서울, 대구, 부산 등에서 교황 요한바오로 2세의 방문과 행사가 이뤄졌다. 가장 큰 행사는 박해시대에 죽어간 한국의 순교자들이 성인으로 시성되는 것이었다. 한국 최초의 사제 성 김대건과 성 정하상 등 동료 순교자 103위가 성인이 되었고, 한국교회의 자랑이 되었다. 부산에서는 수영만에서 교황방문 기념 행사가 진행됐다. 바둑판처럼 단정하게 정리된 구획 안에 부산교구의 각

교황 요한바오로 2세

본당 신자들이 서 있었고, 교황 요한바오로 2세가 탄 무개차가 천천히 행사장 단상으로 굴러가고 있었다. 교황방한 행사의 공식 취재단의 일원이었던 나는 제단의 바로 앞줄에 서서 뜨거운 마음으로 다가오는 교황의 차량을 바라보고 있었다. 차량의 속도는 걸어서도 따라갈 수 있는 속도였다. 차량의 앞과 뒤, 그리고 양 옆에는 경호원들이 따라오고 있었고 교황 요한바오로 2세는 신자들을 바라보며 천천히 팔을 흔들었다. 그러다 내가 선 앞으로 무개차가 지나갔고, 교황과 나의 눈이 딱 마주쳤다. 그 분은 나에게 인자로운 미소를 보내셨고, 나의 가슴은 두 방망이질 하듯 힘차게 뛰었다. 쫓아나가서 손을 뻗치면 그대로 손이 닿을 듯한 거리. 하지만 생각만으로 그쳤다. 아주 천천히 교황님은 내 앞을 지나쳤고, 차량은 이내 단상 쪽으로 꺾어져 속도를 조금 더 내었다. 그 때의 기억, 나를 향한 교황님의 미소, 신자들의 환호는 수십년 세월을 뛰어넘어 지금도 선명하게 떠오른다.

남부민동 & 송도

현재 부산 서구 남부민동에 위치한 이태석신부기념관이 있어 서울과 부산을 자주 오간다. 그럴 때면 그 옛날 취재를 하기 위해 남포동에서 버스를 타고 송도윗길로 하염없이 올라갔던 기억이 난다.

남부민동 산복도로로 달리다 보면 바다가 보이고, 송도성당이 나온다. 그리고 또 구불거리고 가는 버스에 실려 조금 더 가다가 소년의 집이 나오면 버스에서 내렸다. 마리아수녀회와 소년의 집은 자주 취재를 갔던 곳이기도 했다. 전쟁 고아들에게 따스한 가정을 마련해 주기 위해 소알로이시오 신부님이 설립한 마리아 수녀회와 그 수녀님들을 엄

이태석신부 기념관에서 바라보는 부산 서구 남부민동

이태석신부기념관_이태석 신부가 남긴 세가지의 정신, 섬김과 기쁨, 그리고 나눔이 살아 숨쉬는공간이다.

마 삼아 살아가는 소년의 집 아이들과 학교가 있어 소소한 미담기사도 많았다.

이태석 신부님이 어린 시절 송도성당 주임신부였던 소 알로이시오 신부님의 삶에 감화를 받아 선교사를 꿈꾸었다는 얘기도 있다. 종교가, 신앙이 지역사회 내에서 나눔의 역할을 충실히 하는 경우다.

송도성당을 지나 조금만 가면 아래로 내리박힐듯한 길이 나오고, 그 경사로를 따라 조금만 가면 송도해수욕장이 나왔다. 송도해수욕장 가는 길과 그 바다는 나의 기억속에 흐린 풍경으로 남아 있었다. 1985년 5월에 서울로 발령받아 부산을 떠난 후 가끔 부산을 갔지만 송도까지, 남부민동까지 갈 일은 별로 없었기 때문이다.

그 흐린 풍경들이 또렷한 색채를 띄고, 2020년대에 다시 내게로 왔다. 송도해수욕장은 소담스러웠고, 조용히 외지인의 방문을 품어 주었다.

통상 부산역에 내리면 택시나 버스를 타고 송도성당 옆에 있는 이태석신부기념관으로 달려간다. 관장신부님과 팀장님, 그리고 늘 맛있는 요리를 해주시는 카페지기 신부님, 그리고 이태석신부참사랑실천연합회 실장님 등 반가운 얼굴들과 해후한다. 회의는 길어야 두시간을 넘지 않는다. 대개 한시간 가량 서로의 생각을 나누고 기획의도를 점검하는 것으로 미팅이 마무리되면, 상설전시장으로 가서 이태석신부님의 일대기를 한번 더 보고 옥상으로 오른다. 옥상의 뷰는 정말 최고다. 건너편 남부민동의 언덕길과 집들에 한참 시선을 고정하다가 눈길을 돌리면 멀리 송도의 바다가 보인다. 햇빛이 뜨거우면 뜨거운대로, 바람이 선선하면 선선한대로 옥상에서 바라보는 풍경은 마음에 한가닥 순풍을 일으켜 준다. 옥상의 가장자리에는 팀장님의 사랑을 머금고 오이와 고추 등 실한 먹거리들이 자라고 있다. 앙증맞다.

　이태석 신부님은 하늘나라로 가셨지만, 그 사랑을 우리가 사는 현실에서 다시 피워내고 싶은 마음들이 모이는 곳. 가끔이지만 그곳으로 달려가 내가 할 수 있는 몫을 하고, 또 그곳에 계시는 분들과 만남을 이어가는 것, 그것이 나의 오티움이란 걸 깨달으며 더욱 고마운 마음이 커진다. 이태석신부기념관의 기획전시회를 통해 알게된 지인들과의 만남과 나눔도 큰 행복을 준다. 모두 감사한 분들이다.

강병규 화가가 그린 톤즈 아이들과 이태석 신부님

언제 어디서든 희망에 대한
말을 할 수 있는 준비를 하십시오

-교황 프란치스코 〈찬미받으소서.〉

한발한발 내 마음의 변화를 따라가 보자
감각의 고유함 속에서
삶의 터전 안에서
그대만의 여정을 그리며 희망을 말할 수 있기를……

뭐라도 하겠다는 마음과
무엇이든 하지 않겠다는 마음.

.

.

.

그리고 내가 할 수 있는만큼만
해야겠다는 마음

화평은 외부로부터 오는 것이 아니다.

화평은 내 안에서 온다.

11

내가 만들어내는
나의 스토리텔링
- 내마음의 변화 따라가기

**나의
우산이야기**

제주여행 마지막 날 새벽, 눈을 떠서 제일 먼저 우산을 접었다. 어제 종일 쓰고 다닌 우산을 펼쳐 놓은 채 잠이 들었다. 나 대신 비를 맞아준 우산은 감귤색 위로 귤조각이 프린팅 되어 있는 양우산 겸용이다. 이쁘다.

그러고 보니, 여행 중에 비가 왔을 때, 우산을 샀고 그 우산을 고르기 위해 최선을 다했다는 생각이 든다.

물론 집에 가면 널린 게 우산이고 또 우산 사는 돈이 아까운 것도 사실이지만 그렇다고 일회용 비닐 우산을 사고 싶은 마음은 없었다.

몇 번 쓰고 버릴 비닐 우산을 사지 않으려는 것은 환경을 생각하는 마음이 살짝 들어가 있다. 그렇기에 대체로 여행지에서 산 우산은 아끼며, 만족하며 사용한다.

중학교 동기 친구들과 2024년 11월 제주도로 여행을 갔다.

여러모로 의미있는 여행이었다. 이번 여행에서 친구 한 명과 배를 타고 제주로 들어갔는데, 비행기를 타지 못하는 친구를 위한 작은 배려였다.

1979년 처음으로 제주여행을 할 때 밤새 배를 탔는데, 이번 여행에

서 또 배를 타고 제주로 입항
했다. 제주행 선박의 출항은
새벽 한시. 서울에서 아침 기
차를 타고 목포에서 내렸다.
목포 여행은 여러차례 했지
만 새롭게 찾아낸 음식점이

한군데 있어 기차에서 내려 바로 그곳으로 향했다. 바로 피렌체 파스
타집이다.

퇴역 철도원이 오픈한 곳, 맛도 분위기도 최상이었다. 레스토랑 피렌
체의 쉐프는 철도원으로 근무하던 당시부터 은퇴 후 작은 음식점을 열
기 위해 이탈리아로 유학을 떠날 정도로 자기 삶에 열과 성을 다하였
다. 그리고 목포항에 작고 아담한 식당을 마련했다는 소개글을 읽고
두말하지 않고 그곳으로 향했다. 철도와 인연이 있는 지인들이 있어 철
도원이라면 반가움이 앞선 것도 사실이다.

결론을 말한다면 제주 여행을 배를 타고 간다는 선택은 아주 훌륭
했다는 생각이다. 짧은 목포 여행도 좋았고, 밤 항구에 떠있는 배를 보
는 것도 좋았다.

배의 시설과 규모에도 또한번 놀랐다. 새벽 한시에 목포를 떠난 배
는 새벽 다섯시반에 제주여객터미널에 입항했다.

곧장 택시를 타고 제주공항으로 가서 대구와 서울에서 올 친구를 기
다렸다. 친구 한 명이 올 때마다 어찌나 반갑던지..... 우리의 제주여행
은 그렇게 시작됐다.

이튿날. 일기예보-여행하기 전 일기예보는 분명 햇님과 구름만 떠있
었다-대로 비가 내렸다. 어쨌든 우산은 필요할 것 같았다.

아침을 먹고 우산을 사러 기념품 샵에 들렀다. 친구 둘은 우산을 준비해 왔고, 나랑 또다른 친구는 우산을 사기 위해. 친구는 일회용 비닐 우산을, 나는 지속 사용 가능한 완제품 양우산을 사자고 하면서 의견을 나누었다.

결국 나의 의견을 존중해서 우리는 25,000원을 주고 마음에 드는 우산을 골랐다. 하루종일 우산을 쓰고 다니면서, 문득문득 나의 우산을 떠올릴 수 있었다.

시간을 빠르게 거슬러 올라가며, 우산을 샀던 장소와 시간들-그 사연이 떠오른다.

산티아고 순례길에서 산 우산

2003년 사월, 두번째 산티아고 순례길 여행. 피레네 산맥을 넘어 론세스바예스로 가기 전부터 비가 내리기 시작했다. 두 번째로 넘어가는 고개길은 여전히 아름다웠다. 첫 번째 산티아고 순례길은 촬영을 와서 그 길을 달릴 때 드론을 띄울 수 없을만큼 짙은 안개가 끼어 있었다. (물론 안개가 조금 걷히기 시작하자마자 카메라 감독님은 드론을 띄웠고, 정말 근사한 화면을 만들어 낼 수 있었다.) 두 번째는 개인 자격으로 산티아고 순례 여행을 나섰는데, 같은 코스에서 비가 내린다. 산꼭대기에 있는 이바녜타 경당에 들렀을 땐 비가 제법 내렸고 우산이 없던 나는 지인의 우산 아래 머리만 디밀고 경당 주변을 둘러 봤다. 그날 밤 숙소는 '산토 도밍고 데 라 칼사다'. 산티아고 순례길에 다리를 놓고 성당을 건립하며 많은 순례객들에게 편의를 제공하며 한평생을 사신 중세의 분이시다. 그의 제자 여럿이 스승의 유지

종탑에서 내려다 본 산토 도밍고 데 라 칼사다 마을 전경

를 받들어 다리 건설과 길을 닦고, 성당을 지었다. 산토 도밍고 데 라 칼사다는 성인품에 올랐고 수많은 기적을 일으켰다고 한다.

산토도밍고 데 라 칼사다 성당 안에는 닭장이 있는데, 성전 안에서 동물을 키우는 것이 허락된 유일한 곳이 아닐까 싶다.

산토도밍고 데 라 칼사다에서 또 비가 올 것을 대비해 우산을 샀다. 문득 일행 중 나만 왜 우산을 살까? 생각해 본다. 비는 그쳤고, 또 비가 오면 사겠다는 일행들. 그때 눈에 띈 우산이 까만 바탕에 유니콘 머리 부분이 프린팅 된 것이었다. 얼른 그것을 펼쳐보고 망설이지 않고 우산을 샀다.

비가 오면 나는 왜 우산을 사는 고민을 할까? 돌이켜보면 특정한 순간 우산을 사는 것은 나의 카타르시스인 것 같기도 하고, 내 삶에 대한 나 나름의 보상이 아닐까란 생각이 든다.

산티아고 데 콤포스텔라 순례길의 기적이야기

중세 시대 유럽은 대개 국교가 가톨릭이었고, 신자들은 야고보 성인이 묻혀 있는 산티아고 데 콤포스텔라로 성지 순례를 다녀 오는 것이 일생일대의 소원이었다. 수많은 순례객들이 순례길 위의 위험에 노출되었다. 산 속에서 짐승에게 공격 당하거나, 강물에 빠져 죽거나, 굶주림에 지쳐 스러져갔다. 그것을 안타까이 여긴 산토 도밍고 데 라 칼사다는 인근 마을을 다니면서 다리를 놓았고, 건축물을 세웠으며 순례에 필요한 시설을 만들다가 돌아가시면서 순례객들이 지나가는 길 위에 무덤을 만들어 달라는 유언을 남겼다. 죽어서도 순례객들을 돕고 싶은 성인의 마음이 아니었을까.

어느 해 부모님과 함께 한 청년이 산티아고 데 콤포스텔라를 향해 순례를 떠났다. 산토 도밍고 데 라 칼사다에서 며칠 묵었는데 여관집 딸이 청년에게 반해서 사랑을 고백했다. 청년은 아름다운 아가씨의 고백에도 불

구하고 자기는 순례를 위해 길을 떠나야 한다고 아가씨의 청을 뿌리쳤다.

자존심이 상한 여관집 딸은 청년의 짐 속에 여관의 귀중품을 몰래 넣어 놓고 신고를 했다. 아무것도 모르고 부모와 함께 마을을 떠난 청년은 얼마 가지 않아 뒤쫓아온 경찰에게 체포됐다. 재판이 열렸지만 현행범인 청년에게 주교는 사형을 선고했다. 아무리 변명해도 통하지 않았고, 부모는 교수형을 선고받은 아들을 두고 순례길을 떠날 수 밖에 없었다. 아들의 영혼을 위해 기도하면서 청년의 부모는 야고보 성인의 무덤에 참배했고. 성지 순례를 마쳤다. 돌아가는 길에 아들의 유해를 찾아 고향에 묻어주기 위해 다시 산토 도밍고 데 라 칼사다에 들렀다. 그런데! 교수대에 매달린 아들은 아직 숨이 떨어지지 않은 채 매달려 있지 않은가! 청년은 부모님에게 자기의 억울함을 밝혀 달라고 말하면서 지금까지 자기 발 아래에서 산토 도밍고 데 라 칼사다가 어깨를 바쳐주고 있어서 숨이 끊어지지 않았다고 고백했다. 그 길로 청년의 부모는 주교에게 달려가 아들에게 들은 사실을 고하면서 누명을 벗겨달라고 간청했다. 때마침 식사로 삶은 닭을 먹고 있던 주교는 그 말을 듣고 껄껄 웃으면서 "내가 먹고 있는 이 삶은 닭이 날아다니면 그 말을 믿겠다."고 했다. 그러자 정말 삶은 닭이 살아있다는 듯 울면서 날아다녔다고 한다. 놀란 주교는 한달음에 청년이 교수형에 처한 곳으로 달려갔고, 사건을 재수사해 억울한 누명을 쓰고 처형된 청년의 한을 풀어주었다고 한다.

이 외에도 닭과 관련된 '기적 이야기'가 많이 전해오고 있다. 이같은 이야기로 인해 교황청에서 산토 도밍고 데 라 칼사다 성전 안에 닭을 키우며 성인을 기리는 것은 허용했다고 한다.

이순간 나의 기록으로 남기고 싶은, 나의 이야기를 하고 싶은 소재가 있다면
글로 옮겨 보세요. 그 시간은 특별하게 당신 인생에 새겨질 것입니다.

까망우산-해운대 달맞이길, 편의점서 구매

친구 아들의 결혼식이 부산에서 있었다. 또다른 친구는 항암치료 중이었다. 조금 컨디션이 괜찮아졌는지-그때만 해도 한 개의 암- 부산에 함께 가겠다고 한다. 친구의 컨디션으로 서울~부산을 하루만에 다녀오기가 무리일 것 같아 우리는 부산에서 1박을 하기로 했다. 친구와의 1박 여행. 참 애틋하고도 아름다운 여행이었다. 해운대에서 하루를 묵은 우리는 다음날 달맞이 고개를 걸었다. 비가 부슬거린다.

친구는 앞에 보이는 편의점으로 냉큼 들어간다. 검은색 바탕에 가장자리엔 진노랑 테가 있는 평범한 우산을 두 개 집어들더니 계산을 한다. "너의 선물~"이란 말로 우산을 건네 준다. 많은 비가 아니었기에 우리는 바다를 내려다보면서 한참을 걸었다. "너 컨디션 괜찮니?" "응 좋아. 바다 정말 오랜만에 본다."

우산을 사서 쓰고 한참을 걷다가 택시를 타고 청사포로 갔다. 바다가 바라다 보이는 횟집에 앉아 흐린 바다를 보며 점심을 먹고 수다를 떨었다.

지금은 그곳에 바닷길 관광열차도 다니지만 그때는 폐선이 된 듯한 철길만 있었다. (정확한 정보는 아님) 우리는 인적없는 철길을 걷고, 사진을 찍으며 하하호호 웃었다. 우리 세대에게 철길은 익숙한 추억이다. 완행열차를 타고 열차 계단에 매달려 힘껏 소리를 지른다든지, 노래를 부르며 여행의 즐거움을 만끽하던 시절도 있었으니......우리는 이심전심 전해지는 추억여행을 하며 둘만의 부산 여행에 푹 빠져들었다.

고등학교 동창이었지만 한참을 건너뛰어 아이들 엄마가 되어 다시 만난 여고 동창생. 지난 세월을 보상받기라도 하듯 그때부터 우린 자주 만났고, 친하게 지냈다. 어느해 그녀는 성당을 다닌다고 했고, 나는 그녀의 영세 대모가 됐다. 더없이 긴밀한 사이가 됐다는 것이다. 그리고 또 수십년이 흘렀다. 그녀는 '암'이라는 무서운 병을 얻었고, 그때부터 신앙의 힘을 업고 의학의 힘을 빌어, 또 자신과 가족들의 의지에 힘입어 투병 생활을 하고 있다. 그러던 중 다른 장기에도 암이 발생했고, 힘겹게 힘겹게 투병을 한다. 원망도 많았을테고, 포기하고 싶었을 때도 많았겠지만, 병마에 굴하진 않았다. 안타깝지만 고맙고 고마운 친구. 올해 초 그녀는 또 췌장암이라는 몹쓸 암을 진단받고 투병 중이다. 그래도 반짝 괜찮은 날에는 얼굴 보자는 연락을 넣어주어 너무 고맙다. 친구와 기도 중에 만나며 삶의 어느 순간에도 잘 버텨내길 기도하고 또 기도한다.

그녀가 사준 까망 우산은 여전히 나의 곁에 머문다. 비 예보가 있는 날 가끔 들고 나오는데, 우산을 가방에 넣으며, 우산을 펼치며 친구의 얼굴을 떠올리고, 해운대 달맞이길에서 웃음을 터트리던 그녀와의 아름다운 시간들을 음미한다.

그리고 세상을 떠난 선배, 후배들의 영혼을 위해서도 기도드리며, 병으로 고통받는 이 땅의 모든 이들을 위해서도 기도드린다.

————————

최근 1~2년 사이 하느님 품으로 떠난
나의 친구 미화, 정희의 영전에
그리움과 함께 편안한 안식을 위한 기도를 바친다.

————————

프릴 달린
땅땡무늬 자주 우산

지인 사무실에 갔는데 갑자기 비가 쏟아졌다. 비는 그치지 않았다. 일은 끝났지만 쉬 사무실을 나서지 못하는 내게 그녀는 선뜻 우산 하나를 내밀었다. 이거 쓰고 가세요. 지인이 빌려준 우산. 애착 우산 중 하나다

그녀의 사무실에 갈 때마다 그 우산을 쓰고 간다. 그녀도 나도 우산을 돌려받을 생각도, 돌려줄 생각도 하지 않는다. 어느날, 조금 우스운 생각이 들어 그녀에게 말했다.

"이거, 고대표 우산인데……" "알아요. 편하게 쓰세요~."

그런 대화를 나눈 것이 또 몇해 전이다. 문득 그녀에게 이쁜 우산을 하나 선물해야겠다는 생각이 든다. 그 우산을 쓸 때마다 그녀를 떠올리며 웃는다. 우산은 그렇게 따뜻한 사람의 마음도 전해준다.

그리고, 사는동안 수많은 우산을 빌리고 또 빌려주었다. 갑자기 쏟아진 비로 인해 대개는 돌려주지 않아도 된다는 말로, 더러는 꼭 돌려주어야 한다는 말을 덧붙이며.

나의 삶도 마찬가지였지 않을까.

갑자기 내리는 소나기처럼, 때로는 예보된 비소식처럼 고통과 힘듦이 쏟아지던 시간들. 누군가는 내게 우산을 빌려주었고, 어떤 날은 우산을 씌워주었고, 또 어느 순간엔 나 스스로 우산을 준비한 그 시간의 궤적에 새겨진 나날들과 순간들. 비는 그쳤지만 세월 따라 낡아버린 우산은 여전히 남아 있다.

이렇게 고요한 시간이 되면 나의 우산들을 떠올리며 감사하는 마음에 잠긴다. 그것은 또다른 길로 나를 이끈다.
　그리고, 나는 매일매일 한달살기를 시작한다. 비움과 떠남으로. 또다른 나의 삶을 채우기 위해 반짝이진 않더라도 떨어져야 하는 방향성을 잃지 않는 나의 빗줄기를 담으며...

나는 생각하는가
나는 행하는 사람인가

BOOK *in* BOOK

끊임없이 생각하는 게 사람

생각은 늘, 어디서나 불쑥불쑥 나타나 물귀신처럼 나를 이끌고 어디로 든 날아다닌다. 숨이 멈추면 생각도 멈출 것이다. 그러니 숫제 생각에 서 벗어나려 해서는 안될 성 싶다. 멈출 수 없는 생각에서 벗어날 길은 그 생각에 빠져들지 않게 하는 것. 이것은 훈련으로 가능하다. 떠오르 는 생각에 꼬리에 꼬리를 물고 들어가면 생각에 빠져들어 허우적대지 만 심상에서 일어나는 생각을 그대로 둔다면 강물이 흘러가듯, 그 생 각은 계속해서 올라오는 생각에 밀려 어느새 떠내려 가고 만다. 물론 그 자리는 다른 생각이 이내 채우겠지만 그런들 어떠랴. 거기에 빠져들 지 않으면 그 역시 다음 생각에 밀려 흘려가 버릴텐데. 그래서 생각에 빠져들지 않기 위해 훈련이 필요하다.

행동하는 사람

사람이 일평생 하는 생각속에서 나에게 필요하고 중요한 것을 도출해 내는 것은 행동할 때 일 것이다. 밤새 집을 열두채도 더 지었다 부쉈다 하는 게 '생각'이란 것을 감안할 때 덧없는 생각속에서 만들어 내는 나 의 행동은 그야말로 '반짝이는' 생명력을 부여해 주는 것이 된다.

　'여행'은 행동하는 사람들의 몫이다. 물론 생각만으로 여행을 상상 하는 것도 있고, 코로나 시대 이후로 집에서 영상을 통해 여행을 경험 하는 수많은 프로그램들도 나왔다. 요즘 영상매체의 대세는 '여행'이고 정말 다양하고 기발한 아이디어의 여행 프로그램도 많이 나와 있다.

그걸로 물론 대리만족을 느끼며, 여행의 즐거움을 만끽할 수도 있다. 하지만 그것은 어디까지나 간접경험일 뿐이다. 여행은 반나절짜리라도 내가 직접 현장으로 가서 사람과 그곳의 문화를 만나는 것만큼 충만함을 주는 것은 없다. 물론 '집 떠나면 고생'이란 말도 있지만, 그 고생이, 그렇게 흘린 땀만큼 내 인생은 더 없이 단단하고도 풍요로워질 수 있다.

기자 생활을 할 때는 물론이었고 방송작가 활동을 왕성하게 할 때도 나는 현장 촬영에 가능한 한 함께 갔고, 후배들을 양성할 때 가장 중요하게 강조하는 것 또한 "현장을 가라."는 것이었다. 방송작가를 한다고 수습기간을 거치고 꼭지작가까지 오는 기간이면 어느정도 필력이나 아이디어 창출 능력은 있다고 보면 된다. 그 다음에 작가에게 필요한 덕목은 기획력이다. 순발력 또한 작가의 큰 덕목 중 하나가 된다. 방송작가로서의 모든 것이 사전 현장 취재(헌팅)와 촬영 때 현장에서의 불가피한 변수 등을 경험하면서 자기만의 노하우로 만들며 작가로서의 수명을 더해 주는 주요 요소가 된다.

여행만큼 현장을 가야 좋은 효과를 얻을 수 있는 종목이 또 있을까!

나는 이제 또하나의 결단을 내린다. <어디서든 한달살이> 책을 준비하면서 나의 과거 여행을 떠올리며 새 원고를 썼다. 여행 장소에 관한 소개가 아닌, 여행지에서의 개인적 경험을 바탕으로 짧은 글을 몇 편 넣었다. 그리고 그 기억들이 내 사고의 지평을 넓혀 주었음을 다시 확인했다. 그런데 그걸로 된 걸까? 한달살이를 꿈꾸는 많은 사람들에게 이 책은 무엇을 줄 수 있을 것인가? 물론 책을 기획하고부터 오랜 시간 생각하고 원고를 준비했지만 어딘지 부족한 느낌이 든 것도 사실이다.

생각하고 생각에 빠져들지 않고 흘려 보내고 또다시 떠오른 생각과 씨름하면서 다가온 생각은 초심처럼 "현장을 가자"였다. 그래서 현실적 여러 걸림돌을 생각과 함께 흘려 보내고 원시와 문명이 공존한다는 '보르네오' 현장취재 겸 여행을 결심했다. 이 여행이 생각대로 흘러갈지, 아니면 계획과 무관한 순전한 여행이 될지는 모른다. 하지만 나는 결정했고, 이제는 떠날 일만 남았다.

역시 여행은 행동이다.

Book in Book

어디서든 한달살이 *in* 쿠칭

사진 **송영록**

나에게는
신대륙 보르네오

어디서든 한달살이를 위한 사라왁 쿠칭 정탐기

원시와 문명의 공존, 세상에 없던 여행

천혜의
관광지가 수두룩

여는글

세 스푼의 기대와 두 스푼의 흥분,

그리고 다섯 스푼의 우려.

이름도 낯선 보르네오섬 사라왁주의 '쿠칭 정탐기'

그럼에도 불구하고,

탐사 여행의 만족도는 꽤나 높았다.

새로울 것이 없을 수도 있겠으나

나에겐 모든게 새로움과 경이로움이었고,

모든 것이 가능성에로 닿고 있었다.

산과 바다, 원시와 문명이 공존하는 공간이며 여러 의미에서 한달살이를 다양하게, 다이나믹하게 또는 잔잔하게, 자기 성향에 따라 설계할 수 있는 곳이 있다면 그대는 어떤 선택을 할 것인가? 한달살이를 위해 누군가 이곳에 온다면 여러 정보를 주며 가이드를 해 줄 수 있는 프로그램을 만들 수 있겠다 싶어서 사전 취재여행을 감행한다. 액티비티와 쉼, 한국에서처럼의 일상을 만들어 갈 수 있는 곳이 내 눈 앞에 드러났다.

그것은……보르네오는……사라왁은 그렇게 불쑥 나에게 손을 내밀었다. '나만의 스토리텔링이 있는', '모든 이에게 개방되어 있는' 보르네오 섬과 사라왁주 쿠칭, 그리고 적도의 땅과 바람, 강과 사람들의 삶의 모습들은 그 전에 왔던 말레이시아와 인도네시아의 여행을 뛰어 넘는 것이었다. 또한 무슬림의 땅이란 인식을 불식시켜 주는 듯 성당과 교회의 당당한 모습이 드러났다. 베일을 벗으며 내게 미소를 던진 보르네오 사라왁, 그리고 인도네시아 폰티아낙 그것은 나에게 '세상에 없던 여행'이 생명을 얻는 시간들이기도 했다.

모든 여행이 그렇듯이 여행지의 시간은 친절하지만은 않았다. '낯섬' 안으로 한발한발, 또는 성큼성큼 걸어 들어가며 사라왁주 쿠칭 탐사여행은 제대로 채색되기 시작한다. 나만의 색깔로 그 섬은 아름다운 빛을 내기 시작한다.

원하는 이들의 <in 사라왁 쿠칭>을 위해 탐사 여행의 일부를 공개한다.

모든 것이 뜨리마 까시!!

천혜의 섬 보르네오의 관문 사라왁 쿠칭

세계에서 세번째로 큰 섬 보르네오. 말레이시아, 인도네시아, 브루나이 왕국 등 세개의 나라가 국경을 맞대고 있는 곳. 보르네오섬 사라왁주는 말레이시아의 영토이며, 사라왁주의 주도가 우리에겐 익숙하지 않은 도시 쿠칭이다. 보르네오 사라왁 원주민들의 삶은 자연과의 싸움이었고, 부족간의 싸움으로 이어져 왔다. 그러다 16세기 대항해시대 때 사라왁은 포르투칼에 의해 발견됐고 19세기에는 영국의 지배를 받았다. 후추와 주석 등 자연의 선물을 탐한 서구의 침략으로 세상에 알려지기 시작했고, 식민지배에서 벗어났지만 영국 문화가 여전히 남아 있는 도시다. 그 모든 문화와 역사는 사라왁 Culture Center에 고스란히 재현되고 있었다. 보르네오 원주민들의 삶의 향기까지!

쿠칭은 그야말로 포스트 <어디서든 한달살이>로 살아보고 싶은 도시다. 해서 이것저것 재지 않고 떠난다. 쿠칭이야말로 문명과 원시가 공존하고, 자연과 사람이 잘 어우러져 사는 곳으로, 입맛에 맞는 여행을 선택할 할 수 있는 최적의 도시 & 자연이 있는 곳이란 생각이다. 해서 쿠칭에서 한 달살이를 위한 정탐여행에서는 트래킹과 비치, 동굴과 호수 등을 탐방하고 쿠칭의 맛기행을 가미했다. 아울러 쿠칭에서 비행기로 30 여 분이면 도달하는 적도의 도시 폰티아낙(인도네시아) 여행도 한다. 마치 숨은 그림찾기처럼 적도여행은 기대와 흥미를 더해준다. 현실적으로 적도의 땅을 밟기 위해 아프리카나 남미까지 가는 것이 쉽지 않기에 동남아시아에서 만나는 적도의 땅이 매력으로 다가온다.

우리에게 가깝지만 잘 알려지지 않은 땅의 이야기 'in 사라왁 쿠칭'의 매력–문화와 역사와 자연에 빠져든 나의 이야기가 시작된다.

말레이시아 사라왁주 의사당 야경

보르네오 사라왁 쿠칭 정탐 1일차

구눙은 '산'이란 뜻이고 가딩은 '코끼리 상아'란 뜻이란다. 사라왁 강이 유유히 흐르고 온통 산으로 둘러싸인 이곳에서 예전에는 코끼리들이 많이 살았나보다. 그러니 코끼리 상아라는 지명이 붙지 않았을까 짐작한다. 구눙 가딩 트래킹에서 산의 정상을 올라가려면 9시 전까지 관리소에서 통행권을 끊고 출발을 해야 한다. 우리는 폭포까지만 갈 계획이라 열시에 관리실에 도착했다. 스틱까지 챙겨들고 나선 길, 의욕이 앞선 첫 번째 트래킹이다. 폭포 가는 길에 세계에서 제일 크다는 라플레시아 꽃을 볼 수도 있다고 한다. 지금은 꽃이 필 시기가 아니라는 소리를 듣고 라플레시아 꽃을 만날 생각조차 하지 않았다.

길은 험했다, 원시 열대우림이 눈 앞에서 펼쳐진다. 자연 그대로, 있는 그대로의 산길. 바스락거리는 소리가 가끔 들려 귀를 쫑긋 세운다. 돌계단이 이어지고 있지만 돌 위로 커다란 낙엽이 수북하다. 발 아래서도 바스락거린다. 나뭇잎이 내는 소리는 청아했지만, 혹여 나뭇잎을 밟아 미끄러질까봐 긴장된다. 비교적 씩씩하게 산길 땅바닥을 주목하며 걷는다. 가끔 하늘을 보고, 숲을 본다. 길은 점차 가파르게 이어지고, 숲도 점차 짙어진다. 함께 정탐에 나선 송영록 선생님이 염려스럽게 계속 갈 수 있겠느냐고 묻는다. 오르막은 괜찮은데, 내려올 때가 좀 걱정스럽다고 나에게 되돌아 내려가길 권하신다.

잠시 망설인다. 쿠칭 정탐의 첫날, 첫 트래킹 아닌가. 포기하고 싶지 않았다. 무리수를 두더라도 갈까, 도보여행가이신 송선생님의 권유를 마지 못한 척 받아들일까? 망설임은 길지 않았다.

"선생님, 그럼 저는 여기에서 도로 내려갈게요. 폭포까지 조심히 가시고, 사진과 동영상 많이 잘 찍어 오셔야 해요."

산길을 내려갈 때는 또다른 풍경이 펼쳐진다. 오를 때 보지 못하고 느끼지 못한 것들이 오감을 통해 들어온다. 갑자기 무서운 생각이 든다. 바람이 지나갈 때, 먼 듯 가까운 듯 무슨 소리가 들릴 때 멈칫멈칫 몸이 굳는다. 갑자기 독사가 머리 위로 떨어질 수 있으니 챙있는 모자를 쓰고 벌레에 쏘일 수 있으니 꼭 긴팔을 챙겨 입으라는 사전 당부 말씀이 불현듯 떠올라 자꾸 오금이 저려온다. 커다란 나비가 한 마리 날아간다. 웃음이 난다. 숲은 온통 나를 받아들였는데, 나는 두려움으로 숲의 소리를 거부하는가 싶은 생각에 사방을 둘러본다, 조금 아래쪽에 나무로 된 작은 다리가 보인다. 올라올 때 보지 못한 다리다. 그 곁에

구눙가딩 첫번째 폭포. 폭포로 가는 길은 온통 나무뿌리와 줄기가 뒤엉켜 있어 길찾기가 몹시 힘들었다고 한다.

산길 곳곳에서 만날 수 있는 꽃과 곤충들. (우측)야생버섯이 앙증맞다.

낡은 안내판도 힘겹게 서있다. 덜컥 겁이 난다. 내려가는 길이 이 길이 맞나? 다른 갈림길은 없었는데……나를 믿고 가보자. 하마터면 다리로 건너갈 뻔 했지만 직진으로 올라갔으니, 직진으로 내려가자 싶었다.

드디어 숲길을 벗어난다. 햇빛이 강렬한게 땀이 비오듯 쏟아진다. 초입에 벤치가 있어 나무 그늘이 드리워진 곳을 찾아 앉았더니 시원한 바람이 반겨준다. 이내 땀이 식는다. 긴장된 몸과 마음을 벤치에 뉘여 둔다. 트래킹을 중도에 포기했다는 아쉬움 보다 홀로 산길을 내려오면서 든 생각과 느낌들이 마음을 풍성하게 해준다.

한시간도 더 넘어 폭포에 다녀온 송 선생님의 첫 일성이 "상작가, 안올라가길 천만다행이야."였다. 폭포가는 길은 숫제 길이 없어 비탈과 계곡의 나무들을 헤치고 나아갔다는 것이다. 더 갔더라면 오르지도 내려오지도 못하고 엄청 힘들었을거라는 위로 아닌 위로의 말을 들으며 나의 시니어 트래킹의 한도를 스스로 정할 수 있었다. 그렇지만 잘했노라고 칭찬한다.

낯선 곳에 와서 한달살이를 할 용기가 있다면 자신의 한계를 인정하는 용기도 적절히 꺼낼 수 있어야 하지 않겠는가.

생애 최초 팜나무 열매를 만나다

구눙 가딩으로 가기 전, 먼저 팜농장부터 들렀다. 한참을 달리다가 길을 꺾으니 완전히 다른 풍경이 펼쳐진다. 양쪽 길을 꽉꽉 채운 무성한 나무 잎새가 시원하다. 팜나무 농장이란다. 몇킬로미터를 달렸지만, 여전히 열대나무 팜이 끝간데 없이 펼쳐진다. 이 팜농장 안에는 2차 팜유를 생산하는 공장이 있다.

팜유를 아시는가? 라면, 과자 등 온갖 튀김류에 쓰이는 기름이 팜유인데, 말레이시아 쿠칭에서 생산되는 팜유의 질이 우수하다고 한다. 우리나라는 거의 말레이시아산을 사용한다니 그 생산량 또한 어마어마할 것이다. 팜유는 1차 가공으로 생산을 한 후 씨앗과 껍질이 남으면 그것으로 2차 팜유를 생산한다.

포도나무에는 포도가 열리고, 사과나무에는 사과가 열리듯 팜나무에는 팜열매가 맺히는데, 그 열매의 모습이 상상을 초월한다. 신기했다. 한번도 팜열매를 본 적이 없기에, 그저 우리가 자주 접할 수 있는 열대과일 정도겠거니 생각했다. 나무에 달린 팜열매를 만나기 전까지는.

달리던 차가 속도를 늦추자 지인 공장장님께서 팜열매를 보려면 내리라고 한다. 냉큼 내렸다. 어쨌든 새로운 것을 볼 수 있는 기회였기에, 조금 비탈진 길을 올라 나무 앞에 섰다.

아! 그것은 경이로움이었다. 팜열매, 이게 팜열매예요? 나무 줄기와 가지의 사이에 딱 붙은 커다란 열매 덩어리. 올올히 루비처럼 붉은 빛을 내기도 하고 붉다 못해 검붉은 빛을 띤 알맹이들이 알알이 맺혀 있다. 나무에 가까이 다가가 열매를 쳐다 본다. 감동이 밀려온다. 조물주의 신비가 가득 담긴 열매인 듯 하다. 어쩌면 이런 모양과 빛깔로 세상에 태어났을까. 어쩌면 작은 한알이 모여 이렇게 커다란 송이를 만들었을까? 생명 대 생명의 조우. 팜나무 줄기에 가만히 손을 대 본다. 나무를 뱅글돌면서 열매를 져다 본다. 열매는 거의 비슷한 위치에서 나무를 둘러싸듯 열려있다. 천혜의 땅, 천혜의 자원이란 말이 저절로 떠오른다. 어찌 저런 열매를 품고 자라게 할까. 팜나무가 위대하게 보인

다. 내 생애 처음 만난 팜나무 열매. 이 기억은 오래도록 남을 것이다.

팜나무의 수령은 20년 정도이며 대개 4~5년 정도 되면 수확을 한다. 내가 본 열매덩어리는 20킬로그램 쯤 될거란다. 대개 25킬로그램 정도가 되면 수확을 하는데, 열매 수확도 상당한 난이도의 기술이 필요하다. 긴 장대 끝에 낫 같은 것을 묶어 열매를 베어낸다는데, 그 수확의 장면이 어떨지 상상이 잘 되지 않는다. 한 알의 열매속에는 씨앗이 들어 있고, 그 외는 온통 기름이란다. 기름을 가득 담은 열매. 모습도 내용도 들을수록 신기하다.

여행은 의외의 기쁨과 신선함을 선물보따리처럼 갖고 있다. 사라왁 쿠칭 탐방 첫 번째 방문지 팜농장에서 가슴 뛰는 시간을 경험하며 7박 9일의 여정에 더욱 호기심이 일렁인다.

비치, 비치, 비치

스마탄 sematan 팜비치

끝간데 없이 펼쳐진 모래 사장 위에 긴
줄을 인 그네가 한 대 외로이 서 있다.
해안선이 길다. 남지나해에 속한 스마
탄 팜비치다. 냉큼 그네에 올라탔다. 바
다를 병풍 삼아 발을 굴려 그네를 뛴다.
웃음이 절로 터진다.

해안가에 작은 등대가 서 있어 고즈녁
하다. 스마탄 팜비치 리조트에 딸린 카
페에 앉으니 바람이 시원하다. 열대에
부는 바람이 이렇게 시원하고 달콤하다
니...... 완전한 휴식을 꿈꾸는 사람들에
겐 이곳에서 원하는 시간을 만날 수 있
을 것이다. 그저 하염없이 앉아 있기만
해도 좋다. 그야말로 힐링의 시간이다.

고요한 해변에서 침묵하며 나를 만나
는 시간이라면 그저 좋을 것 같다. 내년
1월이나 2월 쯤 체험단을 꾸려 쿠칭에
온다면 스마탄 팜비치에서의 1박 2일 프
로그램을 넣어도 좋을 듯 하다.

📌 다마이 비치

다마이는 말레이시아 말로 '평화'라는 뜻이다. 이름처럼 평화로운 마을이다. 이 마을 사람들은 무얼 먹고 살까? 우리가 생각하는 바다를 낀 관광지가 발달된 것도 아니고 그저 해변의 숲에 자리한 가게가 하나 있을 뿐인데.

　다마이 비치의 해안선을 따라 눈길을 돌리면 그 끄트머리에 골프 클럽이 있다. 비치로 오기 전에 클럽을 둘러보았다. 골프를 치는 사람들이 군데군데 있었지만 비교적 한산하고 고요했다. 쿠칭이란 도시가 조금 더 알려지고, 해안을 끼고 형성된 멋진 골프장이 있다면 골프여행을 오는 사람들이 생길지도 모르겠다.

골프장에서 바라본 다마이 비치

멀리 보이는 산뚜봉 마운틴

　다마이 비치를 끼고 있는 가게에서 레모네이드를 한 잔 마시며 소나무 숲 사이로 불어오는 바람을 맞는다. 역시 시원하고 평화롭다.

　해변에는 캠핑을 온 젊은이들이 텐트 주변에서 여유로이 앉거나 누워서 쉬고 있다. 조금 후 우리는 그 마을에 있는 민속촌Sarawak Culture Center으로 이동했다. 주차장 건너편에 있는 마을에서는 사라왁 원주민의 가옥들과 생활 모습들을 볼 수 있다.

바코 국립공원을 가기 위해 모터보트를 타고 사라왁강을 달리다 보면 수상 가옥들이 먼저 반긴다.

바코 국립공원 : 트래킹과 비치

바코 국립공원 가는 길은 아름다웠다. 고속도로를 벗어나 시골길 같은 곳에 들어서자 구불구불 길이 펼쳐진다. 오토바이 몇 대만 지나갈 뿐 오가는 차량이 없다. 마치 우리만을 위한 전용 드라이브 길이 펼쳐진 듯 하다.

바코 터미널은 아주 작았다. 배를 타고 가야한대서 시간이 맞지 않으면 기다려야 하나 싶었는데 웬걸, 매표를 하자마자 안내를 해 준다. 작은 모터보트가 손님들을 기다리고 있다. 인원과 시간에 상관없이 6명 정원인 보트 한 대당 200링깃을 지불하면 왕복 승선이 가능하다.

해안이 다가오자 바로 알 수 있었다. 강위에서 바라보는 풍경이 확 달라진다.

선착장이 없다! 이내 보트의 시동이 꺼지고 내리라고 한다. 화들짝 놀랐다. 여기서요? 바다잖아요. 놀란 나와 달리 송 선생님과 곽 선생님은 주섬주섬 신발을 벗고 양말을 벗는다. 별 수 없이 나 역시 맨발로 배 난간으로 다가선다. 다리가 후들거린다. 그  다지 깊지 않다는 말에 풀썩 뛰어내렸더니 의외로 따스한 바닷물이 발을 감싼다. 찰박찰박 소리를 내며 바닷물 밖으로 나가며 탄성을 내지른다. 아, 해안을 지키고 여기저기 서 있는 바위라니! 햇빛에 반짝이는 해변이라니! 게들이 활발하게 놀았나 보다. 예쁜 게구멍과 토해낸 모래들이 마치 구슬처럼 늘어서 있다. 그것을

요리조리 피해가며 바위들에 다가간다. 거대한 바위들은 보는 방향과 각도에 따라 모습을 달리한다. 이쪽에서 보면 독수리 부리가 먹이를 잡아채려는 것처럼 보이는 바위가 반대편에서 보면 돌고래가 웃는 모습으로 탈바꿈한다. 커다란 바위 아래 부분은 마치 해골이 모여 있는 무덤처럼 보인다. 사자와 뱀이 서로를 노라는 듯한 모습의 바위가 있는가 하면 몸을 드러낸 채 본연의 색깔을 보여 주며 고고함을 뽐내기도 한다. 움푹 파인 모래에 고인 물을 밟고 바위에 걸터 앉아 고개만 이리저리 돌리며 바코 국립공원 해변 풍경에 빠져든다.

이제 숲으로 들어가야 한다. 바코 국립공원 트래킹 코스는 여러개로 형성돼 있다 제일 긴 트래킹 코스가 8시간이 걸리고 가장 쉽고 편한 길은 왕복 40분이 걸린다. 가벼운 트래킹이라는 주변의 응원에 힘입어 원시림으로 들어 간다. 작은 개울 위로는 테크가 연결돼 있다. 안내를 해준 이의 말대로 가벼운 코스가 맞구나 안심이 된다. 하지만 버젓이 "악어 출몰! 위험 지역"이라는 안내판이 붙어 있다. 뭐지? 숲길 초입에서는 멧돼지들이 유유히 산책을 하고 있었고 원숭이들도 뛰어다니는 모습이 보인다. 그들은 숲속 가족이라 생각이 들어 반갑기까지

했는데 악어 출몰은 좀 위험하지 않나? 어쨌든 평탄한 길은 끝나고 나무 뿌리들이 뒤엉켜 있는 좁은 산길로 접어들었다. 그 옛날 원주민들은 저 나무 뿌리들을 밟고 이 길을 맨발로 뛰어다녔다고 하니, 새삼 나의 신발을 내려다 보개 된다.

숲길로 가는 길목을 어슬렁거리는 멧돼지. 사람들도 멧돼지도 각자 자기 할 일에 열중한다. 자연이 품어주는 넉넉함이다.

아무리 쉬운 트래킹 길이라지만 원시열대 우림이 아닌가. 열대 우림의 크고 작은 나무들이 존재감을 드러낸다. 하늘을 향해 누운 나무 뿌리들의 합창. 몇 발자욱 떼지 않은 발길이 조심스럽다. 바닥만 보고 걷다가 고개를 드니 바로 옆에 큰 나무가 서 있다. 어? 이건 숫제 가시나무잖아? 나무 줄기에는 다닥다닥 가시들이 나와 박혀 있다. 뿌리에 걸리지 않게 조심하느라 경사가 심한 곳에서는 곁에 있는 나무 줄기를 잡고 산을 오르던 나는 순간 오싹해진다. 만약, 바닥만 보고 걷다가 저 나무둥치를 잡았다면? 이내 고슴도치가 되었겠지? 가시도 줄기색과 똑같다. 놀라움도 잠시, 또 한번 경외감을 느낀다. 구눙 가딩의 원시림과 이곳의 원시림이 다르다는 느낌이 든다.

　이 트래킹 코스의 끝자락은 해안과 맞닿아 있어 우림 속에서 바다를 내려다 보는 환희가 기다릴 것 같다. 하지만 300m를 앞두고, 눈앞에 펼쳐진 뿌리들의 향연에 나는 두손을 들어버렸다. 오르락내리락하는 길엔 내내 뿌리들이 엉켜 있었고 낙엽도 쌓여 있었다. "300m 밖에 안남았는데?" 라는 송 선생님의 목소리와 "작가님 아직 온 길의 3분의 1이 남았는데요?" 라는 곽 선생님의 목소리. 이번 쿠칭 탐사 여행의 제일은 '안전' 이다. 올라 온 길의 난이도만큼 내려갈 길의 안전이 걱정스럽다.

숲 너머에 있을 보이지 않는 하늘을 한번 쳐다본 후, 나는 조심히 "홀로 먼저 내려가겠습니다"란 말을 남기고 돌아섰다.

"바코 국립공원! 너 정말 멋지다. 사라왁 강과 맞닿은 해안선, 그리고 절묘한 빛깔과 형태를 뿜어내는 절벽과 바위가 다인가 싶었으나, 숲으로 이어지는 길에 들어서자 완전 얼굴을 달리하는 너. 수많은 세월, 묵묵히 바다를 품고 숲을 기르며 생명을 잉태하고 자연으로 돌려 보냈을 너, 지금 이 자리에서, 오늘도 우리를 맞이해 줌에 감사와 찬사를 보낸다. 너 덕분에 열대 우림 속으로 들어가 그들이 들려주는 이야기에 귀를 기울일수 있었어. 고마워. 뜨레마 까시!!

행여 〈어디서든 한달살이〉 북토크를 하거나 쿠칭 한달살이 미니 체험단 여행을 할 기회가 된다면 작가와의 대화 혹은 실제 여행에서 다음의 여행지를 경험해볼 수 있을 것이다. 개인적으로 적도의 땅, 인도네시아 폰티아낙과 그 인근 지역 탐사를 지속하고 싶다.

적도를 흐르는 강.
모래 채취선들과 화물선박들이 줄지어 서있다.

적도의 땅을 밟다
인도네시아 폰티아낙

적도기념관

쿠칭은 북위 1도에 위치한 도시

여행 중에 또 한 번 국경을 넘는다. 내 무의식에 어쩌면 적도기념비라는 것이
무슨 전적비처럼 생각한 듯 하다. 세계 유일의 분단국 대한민국에 사는 사람
으로서 '적도'를 휴전선이나 38선으로 생각 했을지도 모르겠다. 그러니 자연
적도의 도시도 철원이나 양구처럼 소도시라 생각했나 보다. 하지만 폰티아낙
은 인구 200만의 큰 도시였고, 다양한 볼거리가 있었다.

적도 아래 첫성당 폰티아낙 성 요셉 대성당

적도에서 생애 첫미사를! 적도에 아름다운 성당
이 있다기에 찾아갔다. 멀리서 보기에도 엄청 큰
성당이다. 적도를 여행하고 적도의 강을 지나 적
도의 성당에서 미사를 한다면 참 좋겠다.

때마침 성당에서는 곧 결혼식을 올릴 예비 신랑
신부의 혼인예식 예행연습을 하고 있었다. 입장
부터 시작해서 혼인서약을 하고 예물 반지를 교
환하는 연습을 하는 그들에게 아낌없는 축복을
보냈다.

적도라는 수식어를 단 수많은 상상을 하며 워터
프론트와 전통가옥 롱하우스를 탐방한 후 비행
기 시간에 맞춰 아쉬운 발길을 돌렸다.

폰티아낙 성요셉 성당에서 예비 부부가
혼배미사 예절 예행 연습을 하고 있다. 그
들에게 축복이 가득하길……

폰타어닉 성요셉 성덩 전경

☑ 스멍고 야생센터 Semenggoh Wildlife Center

스멍고 오랑우탄 야생보호
센터로 가는 날은 아침부터
비가 쏟아졌다. 그래도 야생
오랑우탄을 만나기 위해 온
관광객들이 제법 있었다. 매
표소에서는 오늘 오랑우탄을
만날 확률이 0%라고 했고,
우리는 큰 기대를 하지 않고
운행하는 차량을 타고 야생
지역으로 이동했다. 비옷을
입거나 우산을 쓰고 사람들
이 모여있는 곳으로 가니. 멀
리 있는 나무 가지 위에 오랑
우탄이 앉아 있다. 비스듬하

게 등을 돌리고 무언가를 하는데, 우리가 오랑우탄을 구경하는지, 오
랑우탄이 인간을 구경하는지 모를 지경이다. 곧이어 언덕 아래로 내려
가니 우중임에도 놀이 활동을 나왔는지 우람한 오랑우탄이 줄타기를
하며 빠르게 이동한다.

사람들도 따라서 이동을 한다. 조금 더 아래 쪽에 먹이터가 있다. 그곳
으로 재빨리 이동한 오랑우탄이 바나나 껍질을 까서 던지고 낼름 바나
나를 먹는다.

바나나 껍질은 사람들이 먼저 까서 먹었는가? 오랑우탄들이 먼저 까
서 먹었을까? 갑자기 궁금해졌지만 누구도 대답을 들려주지 않았다.
어쨌든 바나나 식사법은 인간이나 동물이나 똑같다는 점은 분명하니,
궁금증은 뒤로 하고 오랑우탄의 식사를 지켜보는 것으로 만족한다.

스멍고 야생센터를 나올 때는 홀로 걸었다. 비는 부슬거리고, 좁은
도로의 양 옆에는 밀림이 울창하다. 간간히 걸어 갈 수 있다는 안내판
이 보인다. 날이 좋았다면 밀림으로 난 길을 조금 걸어볼 수 있었을텐
데, 아쉬웠다. 야생, 자연은 보고 듣고 느끼는 것들을 풍성하게 해
준다. 비가 그치고 있다.

☑ 인도네시아 국경, 떠버두 가는 길

인도네시아와 국경을 접한 마을 떠버두. 쿠칭의 숙소에서 102km가 떨어져 있었다. 스멍고 야생센터에서 생각보다 일찍 나와서 점심 먹기 전까지 드라이브나 하자고 했는데, 가다보니 국경선에 다다랐다. 적막하리만큼 한적한 곳, 이 국경을 넘어 달리면 우리가 갔다온 적도의 도시 폰티아낙이 나온다고 하니, 언제가 됐든 이 국경선을 넘어 차타고 폰티아낙까지 가보고 싶은 생각이 든다. 7시간이 걸린단다. 하지만 폰티아낙까지 가는 길에 성모동굴이 몇 개가 있고, 많은 사람들이 순례를 한다는 말을 듣고 더 가보고 싶어진다. 하늘길이 아닌 육로로 폰티아낙까지 가는 길에서 만날 풍경과 이야기들이 궁금해진다.

떠버두까지도 역시 의도치 않게 온 길이었고, 그 길 중간에 멋진 산도 만났다. 길 중간에 차를 세워놓고 사진도 찍었다. 계획에 없는 것에서 만나는 풍경들이 벌써 몇 개인가. 가히 정탐이라 할 만하다. 길은 외길, 국경 넘어 이웃나라 가는 길이 궁금해지는 시간이다.

떠버두 국경초소

도로를 달리다 멋진 산을 발견하고 멈춰 서서 이름 모를 산을 바라본다. 멋지다.

☑ 쿠칭 현지 식당 주인이 사는 법

쿠칭의 식당가에는 정말 맛있고 싼 음식이 많다. 쿠칭 정탐취재를 하면서 아침, 점심, 저녁 하루 세끼를 사 먹으며 도합 20여끼를 먹었는데 한번도 같은 메뉴를 먹지 않았다. 그만큼 다양하고 맛도 괜찮았다. 쿠칭 맛기행을 하는 것도 좋을 듯 하다.

9월 24일 저녁 식사 메뉴는 빠꾸떼였다. 돼지갈비를 다양한 식재료를 넣어 우려낸 국물에 갈비를 고아 함께 내는 음식이다. 일명 육골차라고 한다. 고기와 국물과 차를 함께 먹는 것이기에 붙여진 이름이다. 식당 이름은 '그랜마 빠꾸떼' 할머니의 빠꾸떼집이다. 이 식당에 관심이 간 것은 음식맛도 음식맛이지만, 식당의 종업원들이 모두 장애인이란 점이었다. 조금 불편하긴 하지만 주인장도 손님들도 장애인들의 어눌한 움

그랜마 빠꾸떼 식당 전경

직임에 딴지를 걸지 않는다. 그들은 아슬아슬하게 음식을 탁자위에 놓으면서도 미소를 잃지 않는다. 방실방실 웃으며 서빙을 한다. 그들이 지나가고 난 자리에 주인이 다시 한번 스쳐 지나간다. 아무래도 손님들의 편의를 봐주기 위한 행동 같아 마음이 따뜻해진다.

9월 25일 아침. 이날 아침은 시골밥상집이라 불릴만한 곳에서 먹었다. 중년의 부부가 자기 집 벽의 한 켠을 헐어 외부에서 음식을 받을 수 있게 개조했고 마당에도 식탁을 놓아 출근길 주민들이 식사를 할 수 있게 영업을 한다.

아침 한끼 꼴로미(kolome, 국수)를 팔고 준비한 재료가 소진되면 문을 닫는다. 면을 라드(돼지기름)에 볶아서 내는데, 맛의 풍미가 일품이란다. 꼴로미는 어디서나 먹을 수 있지만 라드로 볶은 꼴로미는 이 시골밥상집에서만 먹을 수 있다고 하니, 행운이라면 행운 식당을 만난 셈이다. 나름의 라드 노하우로 단골 손님을 확보한 시골밥상집이란 생각이 든다. 아주머니의 미소가 넉넉해 기분좋은 아침을 보낼 수 있어 좋다.

☑ 산뚜봉 마운틴 트레킹 Santubong Mountain

산뚜봉 국립공원 – 산뚜봉 마운틴은 쿠칭에서 조금만 벗어나도 멀리, 가까이서 볼 수 있는 아름다운 산이다. 다마이 비치에 인접해 있는 산봉우리 두 개가 먼저 눈길을 끈다. 다마이 비치 골프클럽에서는 산 정상을 구름이 둘러싸고 있어 신비로운 느낌을 자아내고 있다. 조금 지나니 구름이 걷히고 둥그스럼한 산봉우리가 존재감을 뽐낸다. 산뚜봉 마운틴 트레킹 역시 난이도가 중, 상이라고 해서 나는 처음부터 포기를 했는데 그래도 입구까지는 갈 수 있었다. 매표를 하지 않았지만 조금만 오르다 오겠다니 흔쾌히 고개를 끄덕인다.

산뚜봉 국립공원에는 다이나믹한 서밋트레일The Summit trail과 아름다운 풍경을 감상할 수 있는 루프트레일(The Loop trail)이 있다. 생각 같아서는 어느 하나라도 타고 싶었지만 난이도 높은 트레킹 코스를 한참 올라가야 할 터이니 깔끔하게 포기했다.

다마이 비치를 떠나 길을 가는데 구불구불한 도로를 따라 산뚜봉 마운틴이 왼쪽에서, 또는 오른쪽에서 나타났다가 사라지곤 해서 오르지 못한 아쉬움을 달래 주었다.

☑ 타식 비루Tasik Biru, 푸른호수 요정동굴 바람동굴

요정동굴에 가기 전에 푸른호수에 먼저 들렀다. 물빛이 초록색이라 푸른 호수(타식 비루)라 불린다. 호수 건너편에 마을이 있는 듯 해서 차를 타고 외딴길을 달렸다. 길 가에는 숲이 무성하고 길이 평탄해서 시니어들이 트래킹하기에 좋을 것 같다는 생각을 하는데 막다른 길이 나온다. 숲 아래 쪽은 계곡이다.

그다지 깊지 않아 물놀이 하기에도 좋겠다. 인가가 몇 채 있고 물놀이하는 젊은이들이 있다. 그들과 인사하고 돌아서니 산 쪽에서 총을 맨 사냥꾼이 내려온다. 말을 걸자 그들은 수줍어 하면서 얼른 자기들 차를 타고 떠난다. 산에서는 무엇을 잡는지, 저 밀림의 상태는 어떤지 궁금해 얘기해 보고 싶었는데.....

　좁게 난 길을 따라 조금씩 올라가 보았다. 계곡물 소리를 들으며 무성한 잎새들을 보며 조심조심 발걸음을 옮긴다. 조금 오르니 표지판이 보인다. 이곳은 절대자연보호구역이니 어떠한 훼손도 하면 안된다는 경고판이란다. 조금만 가다가 되돌아 내려왔지만, 체험단을 만들어 다시 온다면 이 길에서 트래킹을 하면 좋겠다는 의견이 개진됐다. 어쨌든 정탐이란 이름의 여행은 뜻밖의 즐거움을 더해준다.

　푸른 호수를 떠나 동굴로 가는 길에 클라이밍의 성지라 불리는 바우쿠칭이 나왔다. 거대한 석회암 동굴이다. 이미 클라이밍을 끝낸 젊은 친구들이 장비를 챙기고 있다. 저 벽을 타고 올라갔다고 생각하니 그들이 부럽고 존경스러웠다.

　무언가에 열중한다는 것은 보기만 해도 경이로움을 느끼게 된다.

☑ Sunset Cruize

선셋 크루즈선은 5시 30분부터 7시까지 운항한다. 매표를 할 때 한국의 시니어 할인제도를 설명하며 당당하게 시니어 할인을 받았다. 매표를 담당한 아가씨가 한국에 대한 관심을 보이며 약간의 할인을 해 준 것이다.

2층 갑판에 앉았더니 바로 건너편에 사라왁 주의회 의사당이 보인다. 승객들에게 음료수와 작은 조각 케익을 가져다 준다. 옆자리엔 가족이 앉아 있다. 부부와 자녀인듯한 남매, 그리고 간난 아이를 안고 있다. 다둥이들이네 싶은 생각이 든다. 할아버지도 함께 였다. 손주는 할아버지 옆에 딱 붙어서 케익을 먹더니 이내 자리에서 일어나 어디를 가더니 케익을 잔뜩 담아서 온다. 어린이 간식용으로 딱 좋은 조각 케익이다.

불어오는 바람을 맞으며 출발을 기다리는데, 먼 하늘이 까맣게 된다. 비가 오려나 보다. 오늘 석양을 보기는 힘들 것 같다는 얘기를 나누는데 굵은 빗방울들이 떨어지기 시작한다. 갑판에서 비를 맞으려 했는데 빗줄기가 너무 강하다.

사라왁 강을 따라 흘러가는 선센 크루즈선. 불을 밝히기 시작한 다리와 사라왁 주의사당이 멀어져 가고 빗줄기는 하염없이 강위를 두드린다.

결국 텅 빈 갑판을 떠나 조심스레 아래층으로 내려가 선실 안으로 들어갔다. 민속공연이 한창이었다. 독수리 춤이라고 했다. 춤보다 비가 좋은데, 싫었지만 너무 세찬 비라 갑판으로 나갈 수 없었다. 비에 잠긴 강의 모습도 보기 좋다. 선셋을 보는 것도 좋지만 시시각각 다른 모습으로 다가오는 빗속 풍경 또한 아름다웠다. 이 또하나 좋지 않은가. 강을 오가며 만나는 쿠칭의 모습과 하늘색들이 지금도 눈 엎을 어른거리는 듯 하다.

쿠칭은 고양이란 뜻이기에, 일명 고양이의 도시라 불린다. 구도심 입구에 세워진 고양이상이 눈길을 끈다.

센셋 크루즈를 타러 가는 길에 본 쿠칭 시가지

시니아완 카우보이 축제 거리

☑ 시니아완 카우보이 축제

쿠칭에서 20여분 거리에 있는 시니아완에서 카우보이 축제가 열렸다. 보르네오 원주민이 살았던 곳, 이반족과 비다유족이 주로 살았고, 중국인들과 물길을 통해 교역을 했다고 한다. 시니아완으로 갈 때 강한 빗줄기가 시원스레 쏟아졌다. 보르네오 사라왁 정탐 취재를 하면서 스콜을 만난 것은 처음이다. 비는 이내 그쳤고, 상쾌한 바람이 불어온

다. 다양한 행사가 있었고 우리는 지인의 단골 펍으로 가서 맛있는 안주와 맥주를 시켰다. 수많은 사람들이 카우보이 모자를 쓰고 축제의 거리를 다녔고, 간간이 원주

민들의 복장을 한 이들도 보였다. 원주민의 전통악기가 연주됐고, 전통 노래도 들었다. 축제의 장은 언제 봐도 흥청거리며 흥겨움을 자아낸다. 시니아완을 흐르는 강물에 석양이 드리운다.

땅의 모든 것을 넉넉히 품어주는 듯, 태양은 강렬한 붉은 빛으로 대지와 강을 감싼다. 아름다운 석양이다.

Part 3

몸이 있는 곳,
마음이 머무는 곳

여행지가 아름다운 것은
그 안에 삶이 녹아 있기 때문이다.

여행지에서 감명받는 것은
그 안에 역사가 살아있기 때문이다.

여행지에서 해방감을 느끼는 것은
그 안에 나와 닮은 것이 숨쉬고 있기 때문이다.

만나고 느끼면 되는 것 아닐까.
애써 무얼 하지 않아도.

보이는 것들.
차 안에서 보는 것과 차 밖에서 보는 것
그것이 다르듯이 여행은 떠나면서부터 변수가 발생하고
그속에서 의외의 즐거움을 얻을 수 있다.

여행을 떠나자~~풍요로워질 나를 위해.

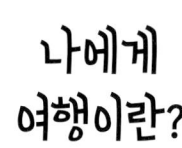

나에게 여행이란?

오래 전, 하루에 두세차례 비포장인 시골길을 달리는 버스를 타고 취재를 간 적이 있었다. 버스의 차창 뒤로 빠르게 퍼지는 흙먼지. 그 길가에서 생존하는 이름 모를 풀들이 사정없이 흔들린다. 그네들의 잎새에는 먼지가 뽀얗게 덧입혀져 내려 앉는다. 햇살은 또 얼마나 뜨거운가. '쟤네들 숨이 막히겠군.'

가는 길 내내 피어 오르는 흙먼지를 눈에 담으며 그 잎새들에게 안타까움의 눈길을 보냈던 기억이 난다.

그래, 그거면 된거야.

살아가는 동안 내가 머무는 눈길 안에 안타까움이 고이고 안쓰러운 것에 대한 따스함을 가질 수 있다면, 나의 몫과 그들의 몫이 다를지라도, '공감'이라는 힘이 되어 나눌 수 있지 않을까.

스리랑카 취재 여행은 다각적인 여행의 방향성을 제시해 주었다. 관광 위주가 아닌 여행지 사람들의 생활 터전을 찾아 함께 나누며 그 근처의 '가볼만한 곳'도 찾아 관광 욕구까지 충족시킨다면 좋지 않을까. 돌이켜보면 그 몇 년 동안의 취재 여행에서 얻은 마음의 평화가 또 이어져 삶의 원동력이 되어 준 것도 같다. 어쩌면 그때 생각했던 컨셉이 최근 몇 년간 많은 이들이 관심을 갖고 참여하는 '한달살이'의 비슷한 유형이 아니었을까. 그리고 지금 원고를 쓰고 나만의 컨셉으로 책을 내는 '어디서든 한달살이'의 기본이 된 건지도 모르겠다.

2013년 5월 스리랑카 정탐여행을 필두로 3년 동안 6개월에 한번씩 인도 북부지역, 말레이시아, 베트남, 몽골, 인도네시아 등을 취재를 겸한 여행을 하면서 생각의 폭은 넓어졌고, 여행을 떠나는 행동은 거침이 없어졌다.

그리고 또하나, 특기할 사안은 오랜 기간 프리랜서로 일을 해 온 방송국에서 산티아고 순례길을 방영하기로 했고, 그 일을 함께 기획하고 방송하기 위해 산티아고 순례길 프랑스길로 떠난 것이다. 천년의 역사가 숨쉬고 있는 순례길, 프랑스 생장 드 피에드포르에서부터 스페인 산티아고 데 콤포스렐라까지 800Km를 카메라에 담아와야 하는 여정. 산티아고 순례길 전문가라 할 수 있는 홍사영 신부님(산티아고 순례길의 마을과 성당 저자)과 함께 하는 여정이었다. 18박 19일, 출장을 떠나기 전에 프랑스길의 주요 순례지를 공부했다. 또한 산티아고 순례길에 여전히 숨쉬고 살아있는 배려와 자비와 사랑의 정신들에 대한 것을 마음에 담기 위해 3개월 동안 담당 피디와 함께 영상학습을 했

다. 여전히 숙지가 쉽지 않은 도시의 이름들과 도시의 역사들. 그런 시간들을 보내고 "차타고 산티아고 가자!"를 홀로 주창하며 파리행 비행기에 올랐다. 2018년 9월의 일이다.

오랫동안 가고 싶었던 파리를 오가는 비행기로 인, 아웃 점만 찍고 돌아오기가 조금 억울했다. 그래서 홀로 계획을 세웠다. 산티아고 순례길 촬영이 끝나면 파리까진 함께 오고, 파리 공항에서 홀로 떨어져 나오자. 파리에서 홀로 여행을 즐기다가 유럽의 최빈국이라는, 지도상에서만 보았던 알바니아라는 나라에 가보자.

왜 이런 상상을 했냐고? 알바니아에서 선교를 하는 선교사님 댁이 타라나에 있었기 때문이었다. 우선은 파리에 사는 조카 같은 이에게 일정을 물어봤다. 이모가 파리에 머물면 사나흘 정도 가이드를 해 줄 수 있냐고. 일을 하는 사람이니 시간을 먼저 체크해 봐야 했다. 알바니아 선교사님께도 연락을 드렸다. 지금 생각하면 참 무모하기도 한 시도였지만 "산티아고 순례길 촬영을 위해 스페인에 왔고, 출장길 끝에 파리에서 홀로 머물려고 했다. 온 김에 선교사님 사는 모습도 보고 싶으니, 파리에서 알바니아로 가도 되겠느냐"고 연락을 넣었다. 조금은 당황한 선교사님 부부. 한국에서 오는 것보단 분명 가까운 길이었기에 부지불식간 오케이를 해주셨다. 훗날 지인들은 "무슨 옆집에 놀러가는 것도 아니고, 파리와 알바니아를 오갔느냐"고 질책 아닌 질책을 했다. 지금 생각해도 선교사님께는 미안하고 고마울 뿐이다.

여행이 기대되고 즐거울 수 있는 것은 그곳에 머무는 좋은 이가 있기 때문이 아닐까 싶다. 그 사람이 아는 사람이든 모르는 사람이든. 사람의 향기에 끌리고, 그 장소에 스며든 삶의 향기가 그리울 때, 보물을 캐는 마음으로 여행지를 찾아 떠날 수 있다면 그것도 축복이리라. 그 생각의, 그 행위의 끄트머리엔 분명 한없이 설레는 마음이 손짓하고 있으리라.

내가 벤쿠버에 간 까닭은

2017년 8월에 22년을 병석에 계시던 엄마가 하느님 품으로 떠났다. 그 해 가을에는 호주에서 워킹홀리데이를 하던 둘째 딸이 한국으로 돌아올 예정이었고, 엄마 아빠에게 호주 여행을 시켜 주겠다면서 비행기표를 끊어주고 여행지를 예약해 두기도 했다.

그런데 여행 이틀 전에 친정 엄마가 돌아가셨다. 부랴부랴 대구로

내려 갔고 입관 예절을 마친 후 친정 언니와 오빠에게 안서방은 엄마 장지에 가지 않고 딸이 있는 호주로 가면 어떻겠느냐고 넌지시 물었다. 외할머니가 돌아가셨는데 오도가도 못하고 호주에 덩그러니 있을 딸이 안쓰럽기도 하고, 기다리고 있던 엄마 아빠와의 여행도 못하면 아이가 많이 슬플 것 같았기 때문이다. 친정 형제들은 흔쾌히 딸이 초대한 남편의 호주 여행을 받아들였다. 망설이던 그에게

벤쿠버 근교 디코브로 가기 위해 차에서 내리니 환상적인 풍경이 펼쳐진다. 산으로 둘러싸인 호수 위로 요트가 평화롭게 떠 있다.

엄마는 천국으로 여행을 가시니, 자기는 딸이 있는 호주로 여행을 떠나면 엄마가 더 좋아하실 거라고 말했다. 딸에게 아빠만 호주로 간다고 하니까. 그래도 되냐고 하면서도 좋아한다. 내 비행기 티켓은 엄마의 사망신고서를 동봉해 고스란히 환불을 받았다. 그해 가을, 호주서 돌아온 딸과 함께 캐나다 벤쿠버로 여행을 떠났다. 뜻밖의 캐나다 여행은 엄마가 주신 선물처럼 귀했다.

벤쿠버로 가는 비행기 안에서 문득, 내가 캐나다로 여행하고 싶다는 마음을 처음 품었던 때가 생각났다. 꼭 40년 전, 대학교 2학년 때 내가 해외여행을 간다면 첫 여행지는 캐나다가 될거야. 난 캐나다 토론토에, 퀘벡에 갈거야라고 노래처럼 밀했던 것이 떠올랐다. 친구들은 모

딸과의 벤쿠버 여행은 아름다운 석양처럼 마음속 깊이 기쁨으로 물들여 주었다.

두 프랑스, 파리를 첫 여행지로 삼겠다고 할 때였다. 나는 "두 번째 여행지가 파리야"라고 당당히 말했다. 잊고 있었던 에피소드였지만 꼭 40년만의 소원풀이였다. 나의 기도는 40년을 잠자다 캐나다로 가는 상공의 구름 위에서 후다닥 깨어나 나를 전율케 했다. 은근한 기대감이 올라온다. 그럼 두 번째 목적지였던 파리여행은? 그때는 전혀 예상치 못했지만 이듬해 2018년에 어린 젊은 날 나의 로망이었던 파리 여행이 '출장'이라는 뜻밖의 선물과 함께 내 곁에서 피어났다.

여행지 이야기는 아니지만 '나의 여행스토리텔링'이 또하나의 축이 되어 내 안에서 피어나고 있다. 여행의 계기, 여행을 품는 마음, 그리고 여행으로의 꿈과 실행 모두가 스스로가 꽃피울 수 있는 여행의 서사가 된다. 삶이 숨쉬는 곳이라면 언제 어디서든 가능한 나만의 여행 서사를 만들 수 있다.

어쩌면 여행은 모든 이들에게 오래된 미래처럼, 약속된 몫이 있는건 아닐까. 스스로 움직이고 찾아가는 행위가 동반될 때까지, 마음속에서 발아의 때를 기다리는 하나의 씨앗처럼!

누에라엘리야
그 푸른 차밭에서

2013년 5월.

고산지대에 펼쳐진 끝없는 차밭. 그 푸르름 속에서 커다란 자루를 이고지고 움직이는 여인네들. 이해할 수는 없었지만 누에라엘리야 일대 차밭의 주된 노동력은 여성노동자였다. 어린 소녀에서부터 나이든 여인까지. 그들은 종일토록 허리 굽혀 찻잎을 따고 그것을 운반하곤 했다. 그네들의 고단한 삶과는 달리 누에라엘리야 고원지대에 펼쳐진 차밭은 평화롭고 아름답고 신비롭기까지 하였다.

언젠가 누가 물은 적이 있었다. 다시 가고 싶은 해외 여행지가 어디냐고. 내 발길이 닿았던 곳은 다 다시 가 보고 싶지만, 꼭 한군데를 선택하라 한다면 인도양에 접한 스리랑카 바닷가와 차밭이 있는 누에라엘리야라고 했다. 무엇이 그렇게 다시 가고 싶게 만들었을까.

스리랑카 수도 콜롬보에서 7시간도 넘게 달려서 도착한 곳 – 누에라엘리야. 가는 길은 시골길과 산길이 쉼없이 이어졌다. 핸들이 오른쪽에 있어 우리와는 차선이 반대로 형성돼 있는 곳. 그런 거리를 한없이 달리는 것은 처음이었다. 차량도 많지 않고, 많은 부분이 비포장으로 돼 있어 덜컹거리고 불편한 주행이 많았다. 무엇보다 나를 놀라게 한 것은

끝없이 펼쳐진 누에라엘리야 차밭을 보면서 여성 노동자와 어린 노동자들의 눈망울이 자꾸 떠올라 슬퍼졌다.

홀튼 플레인스 국립공원에서 만난 동물들. 친구를 등에 업고 유유히
다가오는 동물들이 신기하다.

마주칠 듯 다가오는 맞은편 차량. 머리로는 우리와 반대의 차선이란 걸 알고 있지만 우리나라의 차선에 익숙한 몸은 한껏 긴장해 충돌사고를 상상하게 된다. 반대편에서 오는 차량이 아슬아슬하게 지나가고 나면 안도의 한숨을 쉬며 가슴을 쓸어내리는 것이 몇 번인지도 모르겠다. 쉬 익숙해지지 않는 '차선 혼돈'이었다. 그러거나 말거나 길은 이어졌고, 우리가 탄 고물버스도 목적지를 향해 쉼없이 달렸다. 그러다 또 문제가 생겼다. 높은 산을 넘어야 할 때였다. 양 옆으론 정글같은 나무들이 하늘을 향해 쭉쭉 뻗어 있었고, 고산이라 그런지 안개비가 부슬부슬 내리고 있었다. 차가 몇 번 부릉부릉 거리더니 운전기사가 뭐라 뭐라 떠든다. 통역하시는 분이 우리를 보고 말한다. 차가 많이 힘들어 하니 우리는 걸어서 저 산을 넘어가야 한다고. 차가 가벼워져야 고바위 산길을 넘을 수 있다고 한다. 조금 어처구니 없는 상황이었지만 일행 중 누구 하나 불평하지 않고 비옷이나 우산을 주섬주섬 챙겨서 차에서 내렸다. 우리가 타고 온 버스는 그 청정지역 계곡에 매연을 풀풀 뿜는다. 산 모퉁이 몇 개만 돌면 정상이 나온다고 설명해 준다. 우리는 삼삼오오, 앞서거니 뒤서거니 산길을 걷기 시작했다. 자유로웠다. 상쾌했다. 아름다웠다.

　우리 여행의 목적은 현지인의 삶을 보는 것. 이렇게 아름다운 자연이 숨쉬고 있는 곳에 사는 사람들의 삶이 고단하고 고통스러울 것이라곤 상상이 잘 되지 않는다.

　누에라엘리야 지역에 입성한 우리는 숙소를 배정 받았다. 적은 양의 비는 저녁 내내 이어졌고, 기온 역시 조금씩 떨어지고 있었다. 스리랑카 여행을 준비하면서 사전 조사를 할 때 기후는 아열대성이라 했기에 일행 모두 두꺼운 옷들을 준비하지 않았다. 하지만 그 밤은 무척 추웠다. 난방은 되지 않았고 비까지 부슬거리니 추위에 오돌오돌 떨며 쉬 잠을 이룰 수 없었다. 하다 못해 룸메이트와 함께 우리 짐을 다 꺼냈다. 우의가 있었다. 우의 하나를 펼쳐 침대보처럼 깔았다. 바닥에서 올라오는 찬기가 조금은 가실거란 생각이었다. 그리고 각자 얇은 긴팔 티셔츠나 남방을 겹쳐 입고, 남은 하나의 우의를 이불 아래 덮을 수 있게 펼치고 조심스럽게 이불 속(엄밀하게 말하면 우의 속)으로 꼬물거리며 들어가 등을 맞대고 누웠다. 좀 우스꽝스러운 잠자리였지만 우리로선 최선의 잠자리를 마련했고, 생각처럼 꽁꽁 여며 입은 옷차림과 이부자리는 추워서 잠들지 못하는 밤을 물리쳐 주었다. 슬기로운 여행 생활 1탄이었다. 다음날 아침, 우리의 과학적 잠자리는 일행들의 이야깃거리가 되었지만 다행히 그날 저녁부턴 밤이 추운 날이 없었다.

순박하게 웃음짓는 아이들. 사진: 삶과 선교

이른 아침, 이동하기 위해 주차장으로 가는데 마을의 집 담장 앞에는 이슬 머금은 꽃들이 피어나 있었다. 우리나라 시골 마을에서 흔히 볼 수 있는 꽃들과 비슷했다. 나팔꽃도 소박하게 피어나 있다. 감탄이 절로 났다. 서남아시아 낯선 나라에서 만난 나팔꽃이라니! 얼마나 정겨운가!

누에라엘리야 차밭 깊숙이 자리한 작은 마을로 가는 길 역시 아름다웠다. 계곡 위를 지나가는 철길도 만나고, 구불구불 오르는 산길 양옆에 펼쳐진 차밭과도 조우했다. 길이 좁아 큰 버스는 다닐 수 없어 미니 버스 두 대에 나눠 타고 목적지로 향했다. 어느 갈림길에서는 마을의 아이들이 쫓아 나온다. 대여섯살, 혹은 예닐곱살 된 듯 보이는 아이들은 속도를 내지 못하는 차량 뒷꽁무니를 따라 함께 달린다. 모두다 맨발이다. 차를 세우고 아이들에게 사탕이나 과자 등을 나눠준다. 아이들이 하얀 이를 드러내고 활짝 웃는다. 처음이자 마지막 만남일 아이들과의 만남. 과자를 받아든 아이들은 자욱한 먼지 너머에 서서 손을 흔든다. 그네들의 얼굴로는 먼지도 비켜가는 듯 하다. 우리도 창 밖으로 손을 흔들며 오래도록 뒤를 바라본다. 가슴이 먹먹해진다. 십여 년 전의 일이다 보니 요즘과는 조금 다를 수도 있겠지만 그때 가난했지만 순박했던 소년들이 어쩌면 한국에 와서 외국인 노동자로 일하다 자기 나라로 돌아간 청년 중 한 명일지도 모르겠다는 생각도 든다.

되돌아보는 여행지에서의 순간순간들은 지구촌 세상의 변화와 함께 수많은 생각과 고민을 하게 만든다. 다시 가고 싶은 여행지로 생각난 스리랑카 누에라엘리야에서 한달살이를 해보고 싶다는 욕심이 생기는 날이다.

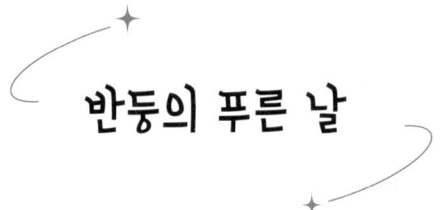

반둥의 푸른 날

1만개가 넘는 섬으로 이뤄진 나라 인도네시아. 오래 전 신문기사를 쓸 때 인니印尼로 썼던 나라. 그 나라가 마음에서 참 가까운 나라가 됐다.

낯선 사람을 만나 두세시간 이야기를 나누는 것이 나에겐 그다지 힘든 일이 아니다. 조금 긴장되고 때때로 어색한 순간이 있지만 어차피 그것이 또한 일이지 않은가. 처음 만나 통성명을 한 후, 가볍게 만나는 장소에 관한 얘기라든가 또는 그날의 날씨에 대해 말을 꺼내면 상대방의 긴장도 풀어진다. 그런 후 가방에서 취재 노트를 주섬주섬 꺼내들고 그날 만남의 주제에 대해 이야기를 시작하면 어색함은 순식간에 날아가 버린다. 대개 인터뷰는 그렇게 시작된다. 물론 아는 사람을 인터뷰 해서 글을 쓰는 경우도 있지만 일의 속성상 끊임없이 새로운 사람이나 새로운 일들을 찾아내야 한다. 새로움, 또는 희소성. 더러는 항구성까지 포함해서 대상을 찾아 취재해야 뉴스나 리포트로서의 가치가 올라가기 때문이다.

자카르타 공항에서 처음 만난 그는 참 유쾌했다. 훤칠한 키에 서글서글한 웃음을 매달고, 다소 소심하게 출구를 향해 걸어 나오는 나를 보고 손을 흔든다. 한껏 치켜들고 흔드는 손은 커다란 키 위로도 한참

박성문 선교사 (우측)

을 올려다 봐야 했지만 그게 나를 향한 손짓임을 알아차리는건 어렵지 않았다. 우리는 인도네시아 자카르타 공항에서 처음 만났다. 한낮의 기온이 30도를 웃도는 열도국가에 온 나의 옷차림은 경량 패딩에 스웨터와 기모바지. 2016년 11월 23일, 하필 인도네시아로 떠나는 날 서울의 날씨는 매서웠다. 새벽부터 내린 비는 차가운 바람에 실려 온몸에 들러붙었다. 비행기에서 내리자마자 갈아입을 요량으로 여름옷을 백팩

에 넣었지만, 바로 옷을 갈아 입는 것이 여의치 않았다. 나를 기다리던 사람은 한 눈에 나를 알아보았고, 수인사만 하고 성큼성큼 걸어가는 그의 뒤를 쫓아가는 것이 최선이었다. 시원한 반팔 남방을 입고 성큼성큼 걸어가는 그의 곁을 종종걸음으로 따라가며 흘러내리는 땀을 닦아내는 수밖에 없었다.

그와의 만남은 그렇게 시작됐다. 일행들보다 여덟시간 앞서 자카르타 공

항에 홀로 도착했고, 그런 나를 위해 반둥에서부터 4시간 넘게 차를 달려 마중을 나온 분은 반둥 지역에서 사역을 하는 선교사님이다. 사실 생각하기에 따라서 여덟시간은 혼자 지낼만 한 시간이다. 그것이 처음 온 인도네시아 땅이고, 홀로 공항에서 일행들 오기를 기다려야 한다는 것이 조금 당황스러웠지만. 처음보는 이와 여덟시간을 함께 하는 것보다 혼자 있는 것이 어쩌면 편할 수도 있겠다 싶었다. 그렇게 작정하고 있었는데, 그가 바쁜 일정들을 조절해서 공항에 나오기로 했다니 고맙고도 부담스러웠다. 하지만 우리의 첫 만남은 유쾌하고 즐거웠다.

반둥의 아침은 소란스러웠지만 경쾌했다. 전날 한밤중에 자카르타 공항에서 이동해 새벽에 숙소에 들었지만 일행들 얼굴에서 피곤함을 찾을 수 없었다. 식당에는 북소리와 코러스가 섞인 경쾌한 리듬의 음악이 흘러나오고 접시에 부딪힌 포크와 숟가락 소리가 부산하다. 카운터에는 전화벨이 울리고 뒷 테이블에선 일행들의 웃음소리가 날아오른다. 햇살이 가볍게 부서진다. 소음이 그다지 싫지 않은 아침, 반둥의 첫 아침이다. 오늘부터 눈 앞에 펼쳐질 새로운 세상에로 한발 성큼 내딛는다. 축복받은 오늘이다.

하이 반둥! 순다족 아이들

순다족 아이들은 무척 예쁘다. 물론 예쁘다란 표현은 상당히 주관적일 수 있다. 반둥의 도심과 인근 시골에서 만난 아이들은 두세살 가량의

쓰레기 매립장에서 사는 아이들. 선교사는 이곳에 사는 사람들을 위해 도시락 봉사를 하고 있었다. 지금은 쓰레기 매립장에 불이 나 유치원 사역을 하신다.

꼬꼬마부터 초등학생에 이르기까지 남녀 성별을 불문하고 예뻤다. 커다랗고 동그란 눈망울, 까무잡잡한 피부, 그리고 그 얼굴에 맺히는 수줍은 미소. 하도 예뻐서 남자아이인지, 여자아이인지도 모르겠다. 머리카락을 길게 해서 땋아내리면 여아인줄 담박에 알겠는데, 짧은 머리를 한 아이들은 구별하기 쉽지 않았다. 나중에 안 것이지만, 그래서 머리 짧은 여자아이에게는 귀고리를 해 준단다. 귀를 뚫지 않았으면 예쁜 사내아이인 것이다. 그것도 하나의 문화이리라.

반둥에서 차로 2시간 정도 가야 하는 반자란 지역에 있는 마을 역시 무슬림 마을이다. 한시간 쯤 달리자 오른쪽으로 꺾어져 비포장길이 나온다. 차가 덜컹거릴 때마다 '어억'하는 소리가 터진다. 조금 달리니 작은 마을이 나타난다. 담벼락에 걸어놓은 빨래들 그리고 구멍가게.

좁은 길을 사이에 두고 집들이 옹기종기 모여 있다. 고갯길 아래로 제법 큰 마을이 보인다.

　반둥의 시골 마을은 길 양 옆으로 집들이 늘어서 있고, 그 너머 논과 밭들이 펼쳐지고 있었다. 구멍가게라고 하기에도 규모가 너무 작은 가게들이 마을마다 한 개 이상 문을 열고 장사를 하고 있었다. 이런 곳에 장사가 될까 싶기도 했지만, 가도가도 시장이나 상점이 없으니 그 작은 오두막 같은 가게도 유지는 할 성 싶다. 아닌게 아니라 이런 가게 하나만 있어도 먹고 사는건 해결된다고 한다.

　　　　　　　마을로 가는 길은 몇 개의 산능선을 넘고 넘어야 했다. 가는 길이 오르락내리락 하기에 분명 산골짝 마을이라 생각했는데, 다시 도로가 펼쳐지고, 또 한참으르 달린다. 우리가 내린 길은 제법 반듯하고 넓었다. 멀리 언덕에서부터 오토바이 몇 대가 달려온다. 마을과 오토바이가 어우러져 제법 이국적 풍경을 자아낸다. 이곳이 반둥 지역 무슬림 마을에 교회가 있는 몇 안되는 마을이란다.

　아르자사리(ARJASARI) 마을은 많은 산으로 둘러싸여 있으며 주민이 13,000명 가량이라 한다. 지금 그들은 밭에서 일을 하고 있다. 마을길을 따라 걸어 들어가 계단을 두 번 정도 꺽으니 밖으로 나 있는 마루 같은 곳에 할머니가 손주를 안고 앉아 있다. 우리가 목례를 하자 그녀도 웃는다. 길게 한줄로 늘어서 조용조용 마을 계단을 내려가는 우리를 보며 그녀는 무슨 생각을 할까? 웃는 얼굴에 경계심 같은 것은 없었다. 이곳에선 15세가 되면 결혼을 하는 조혼 풍습이 있다.

돌아가는 길에 눈에 가득 들어오는 것은 오후의 강한 뙤약볕 아래서 밭을 가는 농부들의 모습이었다. 논에 물을 대는 농부, 채소를 수확하는 여인네, 그리고 삼삼오오 모여 밭을 가는 사람들...... 농부들의 노동은 우리나라와 별반 다를 것 없는 듯 하다.

비가 온다. 언제부터 비가 왔는지 모르겠다. 간간히 시원한 바람도 불어온다. 바람을 타고 무언지 모를 향기가 스쳐간다. 반둥의 향기일까, 순다족의 향기일까. 어쩌면 순식간에 달아난 향기는 착각일지도 모르겠다. 하지만 빗님에 실려 퍼져나가는 향기라니......

인도네시아 반둥에서는 세가지만 있으면 웬만큼 늦는 것은 다 통한다고 한다. 약속시간에 아무리 늦게 와도 트레픽(차막힘)이었다고 하면 다 이해해 준다. 두번째는 배앓이와 설사, 마지막으로 갑자기 내리는 비 때문에 늦었다고 하면 된다. 그들은 물을 조심하고 소식(적게 먹음)을 해야 건강한 삶을 유지할 수 있다고 생각한다. 인도네시아 음식은 대개 튀겨서 하는 것이 많기에 트랜스 지방을 과다 섭취한다. 인도네시아 사람들에게 당뇨와 고혈압이 많은 것도 식습관과 무관하지 않다고 한다.

비가 새지 않으면 인도네시아 집이 아니다. 보기에는 유럽풍의 예쁜 집이지만 지붕은 허술해 많은 비가 내리면 빗물이 줄줄 샌다고 한다. 그들의 생활 단면을 들여다 보는 듯 하다. 자바 땅에 인도네시아 인구의 60%가 살고 있다. 그래서인가 길을 가다 보면 사람이 나타난다.

우리는 또다른 곳에서도 아이들을 만났다. 짜와루 초등학교 교실에

짜와루 초등학교 전경

짜와루 초등학교에서
펼친 봉사활동

서, 운동장에서 우리는 아이들과 눈을 맞추고 아이들과 손을 맞잡고
아이들과 함께 웃었다.

나무 한그루 없는 운동장은 강렬한 햇빛이 점령하고 있었다. 11월
하순의 햇빛은 가히 살인적이었지만 아이들과 우리는 함께 운동회를
하면서 즐거워한다.

학교를 둘러싼 마을과 숲은 아이들의 호기심 어린 조잘거림과 호각
소리로 화들짝 깨어났다. 교문 앞으로 이어지는 숲길과 야트마한 학교
담장 너머로 삼삼오오 짝을 지어 학부모들과 마을 주민들이 운동회를
구경하고 있다. 그들의 얼굴엔 흐뭇한 미소가 매달려 있다. 분명 이 아
이들의 동생일 아이를 업거나 안고 운동장을 뚫어져라 쳐다본다. 그들
의 마음에 우리는 또 무엇을 던져주었을까?

초등학교가 있는 마을을 떠나 반둥으로 가는 길에 선교사님이 만들어 운영한다는 첫 번째 도서관을 들렀다. 아열대 숲이 우거진 마을은 더 정갈하고 포근했다. 촉촉함이랄까. 한집 건너 염소 소리가 들린다. 장닭이 고개를 세우고 당당하게 걷는다. 아이들이 마당에서 놀고 있다, 덩치가 조금 큰 아이가 고양이를 안고 친구들에게 다가온다. 여자 아이들의 비명이 숲으로 날아오른다. 저 편에서 아이가 걸어오다 먼저 아는 체를 한다. 학교에서 만난 아이인 듯 하다.

운이 좋게도 나의 인도네시아 취재 일정은 지역연구 팀보다 3일을 더 머물며 사역현장을 볼 수 있었다. 인도네시아는 분명 종교의 자유가 있다. 표면적으로는 종교의 자유가 인정되는 국가이지만, 내면에 들어가 보면 무슬림의 단단한 벽을 넘기가 쉽지 않은 곳이다. 순다족, 이슬람 문화권, 아니, 세계 최대의 미전도종족이라는 매력적인 타이틀은 단지 우리의 시각일 뿐인가?

인도네시아 전통가옥 박물관에 세워진 가옥 중 하나

망문객들에게 인도네시아 전통 춤을 선보이고 있다.

그곳의 주민들이 뿌리를 내리고 살고 있는 마을들. 그곳을 돌아볼 수 있는 것이 이번 여행의 축복처럼 느껴진다.

오후 3시 30분. 거리가 촉촉이 젖어 있다. 오후 세시가 넘으면 한차례 비가 온다. 한낮의 더위, 그 뜨거운 햇살을 고스란히 받고 난 다음 내려주시는 시원한 빗줄기, 어쩌면 선교지의 삶도 그렇지 않을까. 삶의 고단함에 허리가 휘고 무릎이 꺾여 숨조차 쉬지 못하겠다고 느낄 때, 주님은 은총의 단비를 시원하게 내려주시지 않을까. 새벽의 어둠을 헤치고 하루를 열어, 한낮의 더위에 숨이 막힐지라도 밭을 갈고 있는 인도네시아 농부들의 삶을 보며 감사로 마음이 일렁인다. 참으로 풍요의 땅 인도네시아에서 받은 선물이었다.

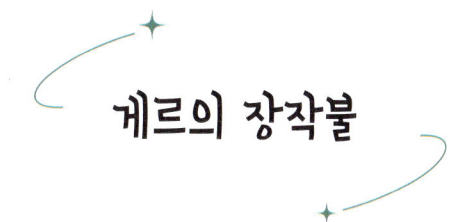

게르의 장작불

십년이나 됐을까? 몽골정탐훈련에 취재 차 동행했다.

선교지역을 방문했고 선교사들의 열심과 열정은 취재를 하는 내게 감동을 주기에 충분했다. 수많은 곳을 다니고 현지인들을 만나고 그들의 어려움과 나눔들이 마음에 차곡차곡 쌓였다.

삶은 참 다이나믹하다. 어느 누구 할 것 없이.

마지막날 밤은 국립공원 내의 게르에서 잔다고 했다. 얼마나 자고 싶었던 곳인가? 기대가 커진다. 우리는 여자 셋이 한 방에 배정 되었다.

게르에는 출입문을 제외한 천막 가장자리를 따라 침대가 놓여져 있었고 가운데에는 장작불이 활활 타오르는 난로가 놓여 있었다. 난로 옆에는 밤새 태워야 하는 굵은 장작 몇 개가 놓여 있었다.

우리는 수다를 좀 떨다가 이내 각자 꿈나라로 빠져들었다. 일정이 빡빡했던 며칠 간 몽골의 일정이 우리를 잠의 세계로 인도하기 충분했기 때문이다.

다만 나는 간간히 깨어나 장작을 한두개비 넣어서 불이 꺼지지 않게 난로불 관리를 했다. 두 여인이 곤히 잠든 모습을 보는 것도 행복했다.

오밤중에 게르 밖으로 나가 밤하늘을 쳐다본다. 별이 쏟아진다. 참 좋다. 으슬으슬 추워서 얼른 게르 안으로 들어왔다. 조금 있으니 옆 쪽 게르 쪽에서 장작을 공급해 주는 소리가 들린다. "너무 춥다~~"는 소리도 들린다.

우리 방으로도 장작 바케쓰를 든 아저씨가 들어와 세 개비를 주고 나가려 한다. 깨어 있던 나는 얼른 그를 불러 손짓으로 장작 하나만 더 달라고 했다. 그는 웃으면서 고개를 젓고 또 나가려 한다. 내가 얼른 저녁에 받아두었던 사과 한 알을 그에게 주었다. 그는 아주 좋아하면서 사과를 받은 후 장작을 무려 두 개나 더 난로가에 두고 인사를 하고 나간다. 사과 한 알의 딜이 얼마나 훌륭한가. 이제 아침까지 장작을 넉넉하게 넣어 방을 뜨겁게 해도 되겠다 싶었다. 여전히 룸메 여인들은 잘도 잔다.

몽골인들의 보금자리 게르 내부

아침이 되어 세면 시설로 갔더니 모두 밤새 많이 추워서 힘들었다고 하소연한다. 우리는 어땠냐고 묻는데, 우리방 여인들은 까르륵 웃으면 "우리는 선생님이 불조절을 잘해줘서 하나도 춥지 않았어요." 라고 고마운 인사를 한다.

나는 언제 장작불을 지펴 봤는가? 그것 역시 '섬에서의 겨울나기' 때였다.

불을 달래가며, 조금씩 지속적으로 연료(장작)을 공급해 가며……불을 지피는 것은 꾸준한 교감이 필요한 일이란 것을 배우고 알았다.

독수리가 하늘을 빙빙 돌고 있었다. 크게, 또는 좁게 선회하면서도 독수리는 사라지진 않았다. 독수리는 무엇을 보고 있을까?

분명 올려다 보는 것은 우리였다.

내가 한 경험 중 쓸데없는 것은 하나도 없었다.

어느 인도인의
결혼식

가로수가 거의 없는 인도의 델리 거리를 지나 외곽지대에 펼쳐진 노점 상을 만난다. 색색이 과일과 야채들이 진열돼 있다. 사실 천을 파는 곳 에 가 보고 싶었으나 일정상 시간을 따로 내기가 쉽지 않다.

마을을 방문하는 날, 나무 한그루 없는 광장을 앞에 두고 작은 골 목길이 이어진다. 다닥다닥 붙어있는 주택가. 허름하고 좁은 일상의 공 간들이었다. 현관문 앞쪽에 마련된 펌프에서 물을 뽑아 올려 빨래를 하는 아낙들, 공터에서 먼지를 풀풀 날리면서 공놀이를 하는 어린이들. 현관문 을 열어놓고 멍하니 바깥을 보고 앉아 있는 어 르신들. 집 앞 빨래줄에 널린 빨래들이 알록달 록 이쁘다. 인도 여인네들이 입는 옷감의 화 려함은 외관상으로 가난마저 덮어주는 듯 하다.

인도의 밤거리는 자칫하면 교통 통제에 걸리기 쉽다. 영문도 모르고 정차해 있다 가 돌아서 다른 길을 찾아야 한다는 소리를 듣는다.

마을에 결혼식이 열리는 날이면 밤새 거리에서 거리로 이동하며 축제를 벌이기 때문에 차량은 알아서 다른 길을 찾아서 갈 길을 간다는 것이다. 우리나라라면 결혼식 축제로 거리를 점유한다면 난리가 나지 않겠는가? 신기하면서도 낯선 문화다.

운 좋게도 인도의 결혼식이 열리는 잔치에 참가할 수 있었다. 저녁을 먹고 나오는데 호텔 앞에 성장을 한 사람들이 줄지어 서 있고, 멋진 신랑과 아름다운 신부가 차에서 내리더니 홀 안으로 여유있게 들어간다. 우리 일행은 입구에서 안내를 하고 있는 사람에게 결혼식을 참관해도 되느냐고 물었다. 이내 답이 돌아왔다. 어서 오시라고, 어서 들어가 음식도 먹고, 축하를 해 달라는 말이 이어졌다. 우리는 금방 저녁을 먹고 왔으니 음식은 먹지 않아도 되지만 예식을 보고 싶다는 말을 전했다. 그들은 흔쾌히 고개를 끄덕이며 신랑신부가 잘 보이는 단상 아래 자리로 안내해 주었다. 딱 보아도 귀빈석 같았다. 낯선 외국인인데 이렇게까지 친절히 안내를 하나 조금 의아스러웠다.

커다란 홀에는 뷔페 차림으로 음식이 가득했고. 한쪽에선 음악이 연주되고 있다. 단상 위에는 신랑과 신부가 앉아 있는데, 하객들이 줄지어 한사람씩 올라가서 신부에게 축하 선물을 전해준다. 주로 보석을 선물로 주었는데, 이미 신부의 팔에는 팔찌가 주렁주렁 매달려 있다. 팔뚝까지 치렁치렁 매달린 장신구들이 찬란하게 빛난다. 길고 짧은 목걸이도 이미 여러겹 목에 매달려 있다. 그럼에도 불구하고 쉼없이 단상으로 올라온 축하객들은 결혼 선물을 몸에 걸어준다. 마치 연극 무대를 보는 듯 신비롭고 아름다웠다.

사진 : 삶과선교

축하객들의 선물 행렬이 어느 정도 이루어지니 하객들은 단상 아래에 마련된 플로어로 나와 춤을 추기 시작했다. 참 흥겹고 아름다운 결혼식이라는 생각을 하는데 혼주인 듯한 분이 와서 우리에게 왜 음식을 먹지 않느냐며 얼른 음식을 먹으라고 했다. 그때 시간은 밤 열시가 가까워지고 있었다. 우리는 이미 밥을 먹었고, 더 먹을 수 없다고 하니 그럼 나가서 춤추고 즐기라고 말한다. 이쯤되니 우리 스스로 민망해지기 시작했지만 결혼식 분위기가 너무 좋고, 선물을 받고 나누는 신랑신부 모습이 보기가 좋아 자리를 뜰 생각을 하지 못했다. 아마도 인도 부유층의 결혼식인 듯 했다. 선물은 신부에게만 주어졌고, 신랑은 그저 자리에 앉아 웃으면서 고맙다는 인사만 한다. 결혼식의 꽃은 단연 신부인 것은 만국의 진리인가?

조금 있으니 또다른 혼주인 듯 한 분이 와서 또 음식을 권한다. 어쩌면 불청객일 수도 있는 우리에게 이렇게나 친절한가 싶은 생각이 든다. 이쯤되니 신랑신부에게 마음 다해 축복을 아니할 수 없었다. 그후로도 몇 번이나 신랑신부의 가족인 듯한 사람들이 와서 음식을 권하고 춤추기를 권하고 했다. 우리가 귀한 손님이 된 듯한 묘한 기분을 느끼며 자리에서 일어나니 혼주분들이 언제 봤는지 다가온다. 벌써 가느냐고, 조금 더 좋은 자리에 함께 해 주면 좋겠다는 말을 들으며 우리는 덕담을 나누고 작별인사를 했다. 좋은 날, 좋은 마음씀을 보면서 인도인들에 대한 호감도가 한층 올라간다. 낯설지만 귀한 여행의 경험이다.

낮에 갔던 강가의 화장터가 생각났다. 뗏목 위에 불을 지피던 모습, 여기저기 불길이 치솟는 배를 보며 숙연해졌는데 이 밤엔 새출발을 하는 선남선녀의 결혼식에 이질감도 없이 함께 하고 있다. 결혼식과 장례식, 모든 세상이 삶과 죽음이 공존하고 있지만, 인도의 특별한 장례문화와 결혼문화를 현장에서 접하고 보니 절로 나의 삶을 되돌아보게 된다. 마치 구도자가 된 듯 하다.

06 / 인도

찬디가르 역에서
기차를 놓치다

인도의 북부 도시 찬디가르로 가는 기차는 쾌적하고 빨랐다. 우리는 아마 특실을 탄 것 같았다. KTX 특실보다 넓고 좋았다. 생각보다 훨씬 좋은 객실 내부에 감탄을 쏟고 있을 때 기차가 서서히 출발했다. 역세권을 벗어나자 철로가에 판자집 같은 허름한 집들이 보였다. 안내해 주신 분이 불가촉천민의 마을이라고 간단하게 설명한다. 인도 여행 중에 자주 들었던 카스트 제도. 그것이 많은 부분에서 걸림돌이 되고 있다는 설명도 되살아난다. 해거름에 지나쳐가는 마을을 보며 천대받는 삶을 살 수 밖에 없는 이들에 대한 안타까움이 일어난다. 며칠의 인도 여행으로 얼마나 그들의 속살을 볼 것인가마는, 눈으로 보고 현지인들을 만나면서 느끼는 마음에는 안타까움이 커진다.

파키스탄과 국경이 인접한 찬디가르는 계획 도시이며 교육의 도시라 했다. 이제까지 만났던 인도의 도시들과 다르게 도시 곳곳에 나무가 있고, 도로도 시원스레 뚫려 있었다. 깨끗하게 다듬어진 도시의 외곽으로 가서 하루밤을 지내고 다음날은 학교와 여타 시설들을 방문하면서 그들의 교육 문화 현장을 만날 수 있었다. 돌아가는 길에는 KFC 치킨 프랜차이즈 지점을 발견해서 이른 저녁을 먹고 가자고 합의가 됐다. 입에 맞지 않는 인도 음식을 연일 먹은 탓도 있겠지만 일행들 대부분은 프렌차이즈 음식에 열광했다. 삼삼오오 짝을 지어 우리가 방문했던 곳에 대한 의견도 나누고, 버거와 치킨을 먹으며 시간 가는 줄 모르고 있었나 보다. 누군가 기차 시간을 얘기했고, 모두가 당황스레 소지품을 챙겨서 서둘러 두 대의 차에 나누어 탔다. 그때부터 시간 싸움이었다. 어쨌든 내가 탄 차가 조금 늦게 역광장에 도착했고, 바로 대합실로 뛰어가는 일행들과 달리 나는 단체 선물로 받은 것을 드렁크에서 꺼내느라 일행들 보다 늦게 달리기 시작했다. 어느새 눈 앞에 일행들은 보이지 않고, 한무더기 사람들이 철길을 무단횡단 하며 건너편 기차가 세워진 곳으로 가고 있었다. 이층으로 연결된 통로에도 서둘러 지나는 사람들이 있어 나는 앞뒤 가리지 않고 계단을 올라 건너편 플랫홈 쪽으로 내려갔다. 이미 숨은 턱에 닿았고, 짐을 든 팔과 다리는 후들거려 겨우겨우 걸어 기차가 정차한 곳까지 갔다.

일행을 발견할 수 없어 이미 기차 탑승을 완료한 줄 알았다. 올 때 탔던 기차가 특실이었던 관계로 나는 기차를 훑으며 우리가 탑승할만 칸을 찾아 나아갔다. 이상했다. 기차 내부에 객석은 없고, 그저 많은 사람들이 타서 짐을 한 켠에 두고 앉거나 서서 출발을 기다리고 있었다. 딱 봐도 3등칸인 듯 했다. 기차가 언제 출발할지 몰라 불안했다. 얼른 기차에 올라 타서 사람들을 헤지며 앞 칸으로 이동하기 시작했다. 정말 이상했다. 이 기차는 우리가 탈 기차가 아닌 듯 해서 두 칸 정도 가다가 다시 내렸다. 기차는 여전히 출발할 기미가 없었다. 플랫홈에는 뒤늦게 기차를 타려는 사람들 외에는 사람이 거의 없었다. 잠시 서서 처한 현실을 짚어 봤다. 이 기차를 타지 않고 출발해 버린다면 나만 찬디가르역에 남는다. 그 후 나는 어찌될까. 우리를 안내했던

분을 이미 돌아갔을테고, 나는 역으로 가서 손짓발짓으로 내가 미아가 됐음을 알리고 후속 조치가 있을 때까지 기다려야 하나? 내가 없음을 알았을텐데, 왜 아무도 나를 찾으러 다니지 않지? 도무지 이 상황을 받아들이기 싫지 않았지만, 지금 이 기차를 타지 않는 것이 맞을 것 같았다. 만약 이 기차의 행선지가 델리가 아니고 다른 곳이면 더 복잡한 상황이 될 것 같았기에, 나는 일단 다시 계단을 올라 대합실 쪽으로 가기 위해 몸을 움직였다. 그러면서 꺼 놓았던 핸드폰을 켰다. 카톡도 없었던 시절이었고, 로밍을 하지 않으면 아무짝에도 쓸모가 없었던 핸드폰이었기에 대부분 일행들은 핸드폰을 꺼놓곤 했다. 사진을 찍을 때 외엔.

아, 핸드폰이 울린다. 얼른 받았다. "작가님, 어디 계세요?" "난 기차를 탔다가 내려서 대합실로 가고 있는데요." "기차는 왜 타셨어요? 대합실로 오신다구요?" "지금 계단 내려가려구요." "작가님 없어졌다고 우린 난리도 아니었어요. 갈게요. 계단쪽으로." 이어 두사람이 계단을 뛰어 올라오면서 나의 짐을 뺏다시피 잡아든다.

나를 찾아 나선 분들이 선로 너머 기차를 보다가 말한다. "저 기차 탔어요?" "네, 탔다가 아무래도 우리가 탈 기차가 아닌 듯, 이상해서 내렸어요." "저건 완행열차예요. 언제 출발할지도 몰라요."

아, 어쩐지 좀 이상하더라니......

일행 중 누구도 내가 환승통로를 통해 건너편 플랫홈으로 가서 기차를 탔다고는 상상하지 못했다 한다. 미안했지만 엄청 반갑고 다행스러웠다. 나는 왜 무작정, 일행들이 기차를 탔다고 생각했을까?

우리가 찬디가르 역에 도착했을 때 이미 기차는 떠났고. 일행들은 기차표를 반환하고 다음 열차를 기다려야 했다. 그런데 특실도 없고, 1등실도 없고 2등실 열차칸 차표를 구할 수 밖에 없었다. 2등실은 2층 침대칸이고 지정 좌석이 없어 아무데나 자리가 있음 앉고 없으면 서서 가야한다는 것이다. 뭐 좌석이 없다는데야 어쩔 수 없는데, 문제는 특실 기차표를 반환하고도 2등실 기차표의 가격을 더 내야 한다는 상황이었다. 우리의 인솔자는 항의를 하고-계산상으로는 돈을 돌려 받아야 하는 상황-그렇다면 좌석이라도 달라고 했으나, 좌석은 기차를 탄 후 여객 차장에게 말하라고 했다. 그러면 좌석을 받을 수 있을 줄 알았다.

인도에서 밤기차의 침대차를 타고 이동을 한다니, 또다른 낯선 경험이긴 하다.

밤 기차를 타고 낯선 2등실에 들어섰다. 기존 승객들이 2층 침대를 거의 차지했고, 우리는 겨우 1층의 자리 몇 개를 확보할 수 있었다. 여성 위주로 자리가 배정 되었고, 우리는 두세명씩 앉아 묵묵히 출발하는 기차의 차창 밖을 내다봤다. 남자들은 우리 칸의 통로에 서거나 또는 다음 칸으로 이동했다. 조금 후 열차 차장이 왔다. 인솔자가 우리가 특실을 끊은 기차를 놓쳤다는 상황을 설명하고 좌석을 달라는 요청을 하자 차장은 웃으면서 돈을 더 내라고 한다.

대합실에서 직원이 한 얘기를 해도 열차 자장은 막무가내로 거의 특실표에 버금가는 돈을 요구했다. 싸우다 싸우다 지친 인솔자는 특실에 남은 좌석을 요구하는대로 돈을 주고 구입했다. 그게 인도에서 기차를 타면 벌어지는 의례적인 일이라는 것을 실감할 수 있었다. 인솔하시는 분도 이런 경우는 처음이라고 고개를 절레절레 흔든다. 일행 중 여성 몇 명이 특실로 옮겨가고, 서 있던 남자분들이 침대칸 좌석으로 이동했다. 그래도 몇 분은 좌석이 없어 서서 가야하는 형편이었다. 밤도 깊었고, 지친 우리는 특실에 편안히 앉아 조금 눈을 붙였다. 제법 도톰한 담요도 제공되었다. 그렇게 한참을 간 후 서서 가는 일행들이 생각났다. 밖은 춥고 서서 가기 힘들테니 자리를 양보하자고 의견이 모아졌다. 우리는 남은 거리는 서서 가자고 하며 특실을 나서려고 했다. 특실칸 문을 잠겨 있었다. 입석자들이 들어오지 못하게 원래 잠궈놓는단다. 조금 어처구니가 없었지만 우리는 나가야 했다. 문을 열어 달라고 했더니 나가면 다시 들어오기는 힘들거라고 한다.

문을 열자 통로는 물론이고 다음칸으로 이어지는 열차에도 빽빽하게 서 있는 승객들이 먼저 눈에 들어왔다. 그들을 헤치고 우리 일행이 있는 칸으로 이동할 수가 없었다. 우리를 바라보는 현지인들의 표정이

심상치 않았다. 결국 우리는 열차칸 이동을 포기하고 얌전히 자리로 돌아갔다. 인도의 생활문화를 살짝 엿본 에피소드이긴 했지만 많은 생각이 들게 한 여행이기도 했다.

  너무 단편적으로 보고 느낀 인도였기에 다시 또 와야지 하면서 떠났는데, 아직도 다시 가지 못하고 있다. 언젠가는 또 여행길을 잡을 수 있기를 꿈꾸며......

강가의 노점상들. 과일이 싱싱하다. 사진: 우정남

파리의 공동묘지
-페르 라셰즈

내가 다닌 고등학교는 가톨릭계 여자고등학교였고, 대구대교구청과 담벼락을 마주하고 있었다. 교구청 부지 안에 성모당과 성직자 묘소가 함께 있었지만 평소에는 그곳으로 통하는 작은 철문에 늘 걸쇠가 걸려 있었다. 고등학교 3학년 교실 복도에서 훤히 내려다 보이는 성직자 묘소는 언제 봐도 고즈넉하고 마음을 차분하게 해 주었다.

간혹 철문의 자물쇠가 열려 있는 날이 있었다. 그런 날 점심시간이면 친구들과 어김없이 철문을 열고 성직자 묘소로 갔다. 외국인 성직자가 대부분 잠들어 있는 곳이었다. 성직자 묘역 입구에는 커다란 아치형 구조물에 글자가 새겨져 있었다. 무슨 뜻인지도 모르고 우리는 그 앞에 잠시 숙연하게 서 있곤 했다.

"오늘은 나, 내일은 너."

(HODIE MIHI CRAS TIBI) 호디히 미히, 크라스 티비*(라틴어)*

유럽여행을 하다보면 마을 중앙에 교회가 있고, 그 옆에는 늘 교회묘지가 있는 것을 볼 수 있다. 삶과 죽음이 그리 가까이 있는 것이다. 우리의 문화와는 많이 다르지만 결국 사람의 일생을 '요람에서 무덤까지'고 정의한다면 일상 삶의 중심이 되었던 교회 옆에 천국으로 가는 정류장일 묘지가 있는 것은 당연한 일일지 모르겠다.

파리 여행 마지막 날, 일찌감치 잡은 행선지는 파리에 있는 공동묘지 페르 라셰(pere Lashaise)였다. 조금 거리가 있긴 했지만 숙소에서 걸어서 갈만하다고 한다. 며칠 파리 시내를 걸어서 다녔던 터라 거리를 크게 상관하지 않고 숙소를 나섰다. 가는 길에 프리마켓이 열리는 곳이 있었다. 파리 근교에서 재배한 야채들이 싱싱함을 뽐내고 있었고, 각종 생필품과 옷들을 파는 사람들도 있었다. 이른 아침이었지만 사람들은 생기가 넘쳤고, 지나가는 여행객에게 미소로 따스한 하루를 선물해 주었다.

아침 햇살로 나무의 긴 그림자를 드리운 페르 라셰즈 초입에 들어서자 약간은 음울한 기분에 젖어들었다. 하지만 이내 햇볕이 묘역을 점령했고, 그 넓은 구역을 돌아다녔다. 어느 묘역에서 쇼팽을 만났다. 아! 쇼팽! 뜻밖의 만남이었다.

대학시절, 클래식 음악동호회 활동을 했던 나는 대구의 중심지에 위치한 음악감상실에 무시로 드나들었고, 그 음악감상실의 전면 벽 전체에는 쇼팽을 비롯한 베토벤, 모차르트, 슈베르트 등 음악가들의 부조가 조각돼 있었다. 귀로는 음악을 들으면서 눈으로는 들리는 음악의 작곡자를 찾는 재미 또한 쏠쏠했다. 그리고 사회 생활을 하면서 어느 장소에서 쇼팽의 녹턴이 나오면 흥얼거리기도 하고 조용히 감상을 하며 행복에 젖기도 했다. 쇼팽의 즉흥환상곡, 야상곡 등은 학창시절 음악시간에도 배운 터라 더 친근감이 들기도 했다.

피아노의 시인이라 불리는 쇼팽은 폴란드 태생이며 독립운동가이기

페르 라셰즈 들어가는 길

도 하다. 이런 이야기들이야 인터넷에 충분히 나와 있고. 그의 무덤이
고국인 폴란드에도 있다는 것 또한 많은 사람들이 알고 있을 것이다.

어쨌든 그 넓디넓은 페르 라셰즈 묘역의 어느 구역에서 쇼팽을 만나
니 나의 인생길 어느 지점에서 자주 만났던 그의 음악이 마치 눈 앞에
서 연주되는 듯 반가운 마음이 일었다. 강렬한 태양빛은 서서히 서쪽
을 향해 제 길을 가고 있고, 쇼팽의 묘역 위로 내리쬐는 햇살은 그의
조각위에서 찬란하게 부서지고 있었다.

이름과 음악을 남긴 사람이 잠들어 있는 곳. 꼭 집어 그를 만나러
간 것은 아니었지만 공원의 한 구역에 있는 그의 동상과 묘역 앞에서
시대를, 삶을, 예술을 생각하는 시간을 가질 수 있어 여행의 향기가 진
해지는 듯 했다.

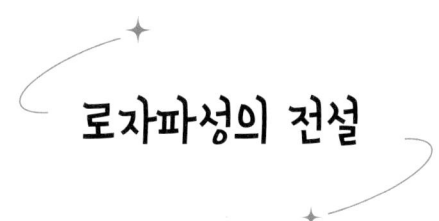

로자파성의 전설

파리에서 세르비아를 경유해 알바니아로 가는 경비행기. 정말 장난감 인형 같았다.

생애 최초 '홀로 해외여행'이란 긴장감 때문에 경(?)비행기의 불안정한 비행이 오히려 불안하지 않게 느껴졌다. 양쪽에 두 개씩 자리한 좌석과 좁은 통로, 가끔 기류를 타고 흔들리는 비행기. 유럽의 주류(?) 국가가 아닌 주변국, 유럽 최대 빈국이라는 알바니아로 날아가는 길은 '그리움' 때문에 선택된 비행이었다. 세르비아 경유라니……그 세르비아는 물경 세계 1차대전의 도화선이 된 나라가 아니던가.

1914년 6월 28일, 보스니아의 사라예보를 방문한 오스트리아, 헝가리의 황태자 페르디난트 대공 부부가 가브릴로 프란치프를 비롯한 세르비아 청년들이 쏜 총에 맞아 살해됐다. 암살자들은 보스니아가 오스트리아 –헝가리의 지배에서 벗어나 남슬라브족 통합 국가의 일원이 될 것을 추구하는 민족주의자들이었다. 7월 23일 오스트리아-헝가리는 세르비아에 반 오스트리아-헝가리 단체를 모두 해산하고 모든 관련자를 처벌하며, 자국의 관리를 수사에 참여시키라는 내용의 최후 통첩을 보냈다. 그러나 세르비아가 이를 거부함에 따라 7월 28일 마침내 제 1차 세계대전이 시작됐다.

- 다음 백과 「제 1차 세계대전의 발발」 발췌, 출처 세계사와 함께 보는 타임라인 한국사 4

세르비아 공항에서만 몇시간 머물 뿐이었지만, 약간의 두려움을 애써 누르며 역사책의 한 페이지를 들춰낸다. 세계대전을 배경으로한 소설이나 영화를 떠올리며 자정에 가까운 시간, 인적없는 공항 대기실에서의 무료함을 달랜다. 내 앞에 놓여진 모든 시간들이 새로운 경험이고, 신선한 시간들이다.

알바니아 수도 타라나에 온지 이틀만에 우리의 추석 명절을 맞았다. 이태 전 알바니아 선교사로 이곳에 온 선교사님 부부와 따님. 한국의 명절을 가족과 객 한 명과 조촐히 보낸다. 사모님이 만두를 빚기에 함께 앉아 어설프게나마 만두를 함께 빚었다. 아직 초등학생인 로아가 나보다 더 예쁘게 만두를 빚는다.

슈코더르 성곽

사역지인 알바니아에 처음으로 온 손님이 바로 나였다니, 고맙기도 하고 미안하기도 했다. 그저 유럽대륙에 있다는 사실 하나만으로 스페인 산티아고 순례길~프랑스 파리~알바니아 일정을 몰아 부친 나의 무모함이 막상 선교사님 댁에서 며칠을 묵으며 지내다 보니 실감이 났던 것이다. 그러나 어쩌랴. 한국에서 출발하는 것 보단 훨씬 가깝고 경제적이지 않은가. 한국에서 미리 나의 취재일정을 말씀드리고, 선교지에 방문하고 싶다고 말씀드리긴 했지만, 사실 선교사님 역시 선교 초기에 한국에서 오는 손님을 맞기 편치는 않았을 것이다. 다시한번 감사한 마음을 전하며, 함께 다녔던 아드리아해의 해변과 가톨릭의 성지라는 곳, 그리고 슈코더르 성곽 유적지 관광은 굉장히 인상 깊었다. 당시 우리나라에는 크로아티아 3국 여행이 유행처럼 많아졌고, 그림처럼 아름다운 여행지의 사진들에 나 역시 감탄을 하곤 했었다. 알바니아는 크로아티아와 국경을 접해 있었지만, 여행객들이 알바니아까지 오는 경우는 드물다고 했다.

하지만 역시 여행은 여행. 낯선 곳, 새로운 문화를 접하는 것 역시 가슴 떨리는 일이 아니던가. 나에게 알바니아는 그런 곳이었다. 특히 그리운 분들이 새로운 삶의 터전으로 삼은 곳이기에 더없이 알고 싶은 곳이기도 했다.

슈코더르 유적지를 가기 위해 한참을 달렸다. 로자파성의 전설을 듣자마자 가고 싶었던 곳. 그 전설이 여전히 살아 숨쉬는 곳 로자파성은 형태가 많이 손상됐지만 돌아보기에 나쁘지 않았다.

알바니아 북서부에 위치한 슈코더르는 역사, 문화적으로 중요한 지역이며 슈코더르 호수 근처에 있다. 드린 강과 부나 강이 만나는 지점에 있어 수자원이 풍부하다고 한다. 4천년 역사를 지닌 슈코더르는 로마 제국 비잔틴 제국 오스만 제국의 지배를 받았다. 침략지의 백성들의 삶의 흔적은 지금은 희미해졌겠지만 그곳의 역사와 문화 속에서 이어져 오지 않겠는가. 로자파성의 전설도 우리나라 에밀레종의 전설과 비슷한 맥락을 느낄 수 있어 더없이 애잔했다.

로자파성(Rozafa)의 전설

로자파성은 성벽의 길이가 880m로 알바니아에서 가장 길었다고 한다.

발칸을 거의 다스린 일리리야 왕국이 이곳에 커다란 성을 쌓고 다스렸는데 성곽 공사가 여의치 않았다.

성곽 건설의 책임자는 3형제였다. 3형제와 일군으로 동원된 백성들은 땀흘려 일해 순조롭게 성곽은 쌓아 나갔다. 어느 정도 성곽의 형태가 잡히고 이제 곧 공사는 완공되고 그들은 집으로 돌아갈 수 있겠다는 희망을 가졌다. 그런데 어찌된 영문인지, 마지막 구간의 한 부분에서 돌을 쌓으면 무너져내리고, 쌓으면 또 무너져내리는 것이 아닌가. 일꾼들의 사기는 떨어졌고, 공사장에는 시름이 깊어졌다. 책임자 3형제는 머리를 맞대고 대책을 논의했다. 그러면서도 돌을 계속 쌓아올렸지만, 여전히 같은 지점에서 무너져 내리곤 했다. '신의 노여움' 때문이라는 소문이 소리없이 퍼졌고 보다못한 3형제는 제물을 바치기로 했다. 그런데 누구를 제물로 바쳐야 하는가. 형제간의 우애도 좋았고, 실력도 출중했던 형제들은 고심하다가 한가지 안을 냈다. 삼형제가 마을로 돌아가서 처음으로 만나는 사람을 제물로 삼자는 것이었다. 형제들은 날을 잡아 마을로 향했고, 마을에 들어서자 처음으로 만난 사람은 막내동생의 아내였다. 물을 길으러 우물로 가던 제수씨를 만난 두 형님들은 경악했고, 막내는 그 자리에 주저앉을만큼 놀랐다. 그러나 어쩌랴.

막내는 놀라는 아내를 데리고 집으로 돌아갔다. 공사장에 있어야 할 남편과 아주버님들이 마을로 온 것도 놀라운 일인데, 하얗게 질린 얼굴로 자신을 데리고 집으로 가는 남편을 보며 아내는 이상한 생각이 들었다.

집으로 돌아온 막내는 아내에게 지금 성을 쌓는 공사장에서 일어나고 있는 일을 설명했고, 공사를 무사히 마치기 위해서는 제물을 바쳐야 한다는 얘기를 했다. 떨어지지 않는 입으로 억지로 상황을 설명한 남편은 고개를 숙이고 묵묵히 앉아 있었다. 차분히 앉아 남편의 말을 듣던 아내는 고개를 주억거리면 눈물만 뚝뚝 흘렸다. 그들에게는 태어난 지 얼마되지 않은 갓난아지가 있었던 것이다. 한참을 소리없이 울던 아내가 남편에게 말했다.

"제가 제물이 되어야 한다면 어쩔 수 없죠. 하지만 아직도 엄마 젖이 필요한 우리의 아기가 하루라도 더 엄마 젖을 먹을 수 있게, 제 몸의 절반만 성곽에 묻고 나머지 반은 드러내 주세요, 발 아래는 요람을 놓아 아기가 잠들때까지 엄마가 요람을 흔들 수 있게 해 주세요."

엄마는, 아내는 눈물로 호소했고, 남편은 묵묵히 고개만 끄덕였다. 몸의 절반은 성벽안으로, 가슴 한켠을 밖으로 드러낸 채 아내는 숨이 끊어질 때까지 아이에게 젖을 물리고, 발로 요람을 흔들어 주었다. 그 후 성벽은 언제 무너졌느냐는 듯 잘 쌓여갔다.

그런데 알고 보니, 삼형제가 마을에서 처음 만나는 여인을 제물로 삼자는 논의를 한 후 두 형들은 남몰래 집으로 사람을 보내어 아내들에게 절대 밖으로 나오지 말라는 언질을 주었다고 한다. 성실하고 책임감 강했던 막내만 올곧게 형님들과의 약속을 지켜 아내가 제물이 되었던 것이다.

지금도 로자파성 입구에는 남편과 아기를 두고 제물이 되어야 했던 여인의 상이 새겨져 있다.

여행의 취향
바뀐다?
바뀌지 않는다!

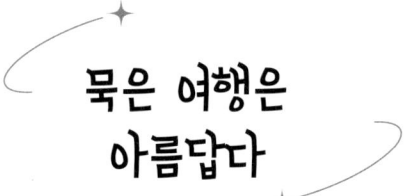

묵은 여행은
아름답다

이제껏 살면서 일을 통한 것이든, 여가 생활을 위한 것이든 나의 숨통을 틔워준 것은 '여행'이었음을 부정할 수 없다. '어디서든 한달살이'는 이렇게 자연스럽게 형성된 나의 여행 습관을 나누고 싶어 엮어 내는 것인지도 모르겠다.

어쨌든 세상에 떠다니는 수많은 여행기가 있지만 분명 자기에게 특별한 여행기가 있을 것이다. 시간이 흐를수록 빛이 바래기는 하지만 나만의 여행은 언제 꺼내봐도 어느 장소, 어느 시간을 품은 채 한줄기 빛으로 다가온다. 그래서 묵은 여행은 아름다운가 보다.

작은 딸에게 1년에 한번, 엄마랑 단 둘이 여행을 하자는 제안을 했고 그 첫 여행으로 여수를 갔다. 지인인 시노래 가수 박경하씨의 '여수 밤바다' 공연도 볼 겸 둘이 떠난 것. 늘 딸은 내게 특별함을 선물해 주었다. 설악산 여행에서는 고풍스런 서양 호텔의 맛을 보라며 캔싱턴 호텔에 숙소를 잡아 주었고, 거제도와 통영 여행도 별 맛을 느낄만큼 '엄마 위주'로의 프로그램을 짜 주었다.

딸과의 여행 중 기억에 많이 남는 것이 신안 앞 바다의 섬들을 걸어서 가는 일명 '섬티아고 순례길-열두사도의 길' 이다. 신안의 순례자의 길은 노둣길과 다리로 이어진다. 노둣길은 섬사람들이 돌을 날라 쌓은

베드로의 집. 바다 위에서 하얗게 부서지는 햇살과 물색과 잘 어우러진다.

바닷길이다. 썰물이 되어 물이 빠져나가면 섬과 섬을 걸어서 다닐 수 있게 만들어졌다.

신안의 순례자의 길은 예수님의 열두사도의 집을 곳곳에 만들어 순례를 하며 묵상과 기도를 할 수 있게 조성된 길이다.

대기점도 선착장에 내리면 베드로의 집을 만날 수 있다. 바닷가에 접해 푸른 지붕을 인 작고 소담스런 하얀색 집을 만날 수 있다. 곁에는 마찬가지로 하얀색 종탑이 있다. 끝없이 펼쳐지는 바다 위로 윤슬이 손짓하고 그 너머 아지랑이가 피어오르는 듯 환상적인 모습이다.

딸과 나는 소악도에 내려서 반대로 걸어 대기점도로 들어갔다. 그러니 배드로의 집을 마지막으로 순례했다는 말이다.

아름다운 자연 속에 녹아 있는 하느님의 사랑과 은혜를 느끼며 작가들이 만든 작은 예배당에서 기도하며 머물렀다. 열두사도 예배당은 걷기에 적당한 간격을 두고 군데군데 건축돼 있었다. 배에서 내려 처음 마태오의 집에 들어가 기도한 후, 걷고 또 걸어 네시간만에 대기점도로 들어갔다.

요한의 집, 안드레아의 집, 야고보의 집, 작은 야고보의 집, 마태오의 집…… 예배당은 말 그대로 기도하는 집이었고 예술적 가치를 품고 조용히 방문객들을 품어 주었다.

한낮의 뙤약볕 아래 땀을 흘리며 걸었지만 기도의 집, 사도들의 집을 방문하며 딸도 웃고 나도 웃고 하느님도 마음껏 웃는 날이었다.

10

변치 않는 것들을 당연시 하지 말자

상실은 언제나 그 자리에 있다

나의 상실을
타인의 상실을
지나치지 말고 보듬어 안자.

그리고,
나의 고통을 자랑하지 말자.
노년에 맞은 갈등과 혼란.
구심력이 있기에 다행이란 생각이 든다.
말끔하진 않지만 거의 정리가 된다.
지난해 말부터 조금씩 나를 잠식한 혼란과 갈등들이
3월과 4월, 절정에 이루다,
툭 떨어진다. 나에게로.

결국 '나'이다.

때마침 대두된 건강 문제가
또하나의 전환기를 열어준다.
큰 변화는 없지만 어쨌든 내가 흔들리다
제자리를 찾았으니 전환점이 된게 맞다.

그래 느리더라도, 뚜벅뚜벅 가자.
나의 목표는 분명하니까. 내가 도달해야 할 점.

그 분이 계신곳.
곧 변형의 삶이다.

기대하는 시간, 기대를 마주하는 시간
기대에서 벗어나기

욕망의 품격

젊은 시절과 다르게 하고 싶은 것이 점점 적어진다. 젊은 시절 보다 훨씬 결과를 빠르게 예측한다. 이것을 삶의 지혜라 부를 수 있을까?

좋은 점도 있다. 젊은 시절에는 하고 싶은 것, 배우고 싶은 것, 이루고 싶은 것들이 너무 많았다. 심지어 '비교'라는 괴물에 무너져내리는 일도 있었으니, 요즘처럼 결과를 예측해서 '무언가'를 아예 시작도 하지 않는 상황에 흡족해 할 때도 있다.

하지만……너무 그러면 안될 것 같다.

나이 들었다고, 능력의 한계를 자각해서 마음속에서 일어나는 욕망을 그저 외면하는 것이 능사는 아닐 것이다. 욕망이 없다면 그것을 살아 있다고 말할 수 있을까?

지난해 가을부터 피아노를 배우기 시작했다. 그저 나의 칠순에 내가 좋아하는 곡을 한 곡쯤 연주한다면 좋을 것이라 생각했고, 반주법 위주로 배우고 싶다고 했다. 재미 있었다. 그런데 이듬해 1월에 넘어져서 갈비뼈와 어깨뼈가 골절됐다. 두달간 반깁스를 하고 다녔고, 여전히 어깨뼈는 완벽하게 회복되지 않았다. 때문에 이제 겨우 코드를 외우기 시작한 피아노 교습을 쉴 수 밖에 없었다. 그리고 올해 여름은 더워도 너무 더웠다. 피아노 재수강은 차일피일 미루고 있는 상태. 이러다간 1 년만에 재수강 할 지도 모르겠다는 생각을 한다.

욕망과의 싸움이 점차 흐려진다.

그럼에도 불구하고 아직까지는 삶에 대한 열정과 사랑을 놓지 않고 있다. 다만 나의 한계를 깨닫는다. 할 수 있는 일과 할 수 없는 일 하고 싶은 일, 하기 싫은 일들을 명확히 알고 내게서 떼어내자.

그리고 조용히 나의 갈망 찾기를 한다.

나는 무엇을 갈망하는가?

품격 있게 나의 욕망을 표현하는 방법을 찾아보자.

그것이 '포기'로 가는 길일지라도, 일단 시작을 하자. 작은 것부터.

12

카이로스
-선물로 주어진, 즐길 수 있는 시간

온전하게 순간을 사는 사람의 시간은 선물로 주어진 편안한 카이로스의 시간이다. 카이로스의 시간은 붙잡을 수 없지만 그 순간만큼은 우리에게 속해 있다.

-안셀름 그륀 〈노년의 기술〉 중에서

그대, 카르페 디엠!
이 순간을 즐겨라.
나는 늘 '지금 여기'에 존재할 뿐이다.

있는 그대로의 나를 받아들이는 것.
그리고 꽃을 피우거나,
열매를 맺거나
낙엽이 되어 자연으로 돌아가거나……

내 삶을 보며 미소지으며
여전히 길위를 걷는다.
나와 손잡고.

이제 그대 안에는 언제든 한달살이를 할 수 있는 단단한 뿌리와 줄기가 생겨 났을 것이다. 그것이 시중에서 유행처럼 번진 어느 시간, 어느 곳에서의 한달살이이건 작가가 말하는 어디서든 한달살이이건 두려워하지 않고 불쑥 일상에서 떠날 준비가 되었다는 말이다.

이 책의 1부에서 말한 기한을 정하지 않고 떠나는 어디서든 한달살이를 했다면 그리할 수 있을 것이다.

자ㅡ,

그러면 이제 정말로 한달살이를 한번 떠나보면 어떨까?

내 앞을 가로막는 모든 걸림돌을 그대로 둔 채, 우선은 떠나는 것이다. 한달을 기약하며.......

그러다 한달살이 현장에서 여건이 여의치 않으면 다시 일상으로 돌아오는 것이다.

실패? 아니다. 그곳에서 살았던 날만큼 나는 변화해 있을 것이고

내 삶의 변혁은 또다시 나를 다음 기회 앞에 데려다 줄 것이다.

내가 선물해 줄 수 있는 내 인생의 새로운 기회!

어느 한 세대의 이야기: 프란치스코 교황과 함께 "사랑"

다소 긴 느낌의 다큐멘터리 영화 제목이다.

'사랑'을 말하는 그의 미소는 찬란했다.

어디서나 뇨란치스코 교황의 미소는 환하고 따스했다. 이제 다시는 볼 수 없는. 아니, 이렇게 영상으로 계속 재생되고 있는 그분의 미소는 여전히 따뜻하다. 찬란하다.

5월 9일 새벽(현지 시간 5월 8일) 콘클라베에서 흰연기가 올라가고 새 교황 선출 소식이 전해졌을 때, 그리고 새로 선출된 교황이 이름을 레오 14세로 정했다는 발표를 듣고, 우선은 그 이름에 안도했다.

레오 13세 교황이 떠올랐기 때문이다. 산업혁명으로 인류가 또한번 변혁의 대전환을 이루었다. 농경사회에서 산업사회로, 노동의 근간이 바뀌었고 사회는 새로운 패러다임을 수용해야 했다. 그때 레오 13세가 발표한 회칙 "레룸 노바룸Rerum Novarum."

1891년 자본과 노동에 대해, 새로운 사태Rerum Novarum에 대한 교황 의 회칙 노동헌장. 이 말을 난생 처음 들었을 때는 갓 사회생활을 시작하면서였다. 낯설고 어려웠던 단어를 외우고, 그 시대적 의미와 상황을 알아가며, 얼마나 많은 노동현장을 보아왔던가. 얼마나 많은 고통과 아픔과 연대를 보아 왔던가. 그래, 어쩌면 새 교황의 작명이, 그 레오 13세 교황의 이름을 딴 레오 14세라는 말에 순간 안도한 건 어쩌면 나로서는 당연한 건지도 모르겠다. 그리고 그가 전임 프란치스코 교황의 개혁(?) 의지에 함께 했던 추기경이란 말에 또 많이 안도했다.

어쨌든 세상은 돌아갈 것이고, 교회 역시 잘 돌아갈 것이다.

나는 다시 나의 한달살이에 집중하면 된다.

자, 다시 영상 이야기로 돌아가보자.

교황은 우리 시대에 가장 필요한 것 중의 하나가 젊은이들과 노인들의 소통이라고 했다.

세상의 많은 서른 이하의 감독들이 1년 넘게 70 노인의 영상을 제작했다. 영상의 서두에 나오는 말이 가슴 한 켠을 툭 건드린다.

벌써 십년이 다 돼가는데, 2016년부터 5060세대의 인생2막을 말하는 프로그램을 제작한 적이 있었다. 그때도 많이 생각하고. 또 자주 언급했던 것이 '인터제너레이션'이었다. 세대공감, 세대나눔. 정말 필요한 일이다. 그때 50대 중반이었던 내가 이제 비로소 70을 앞두게 됐다. 멀게만 느껴졌던 숫자다.

나의 나이듦속에서 부디 소망하는 것이 있다면 이제사 세상으로 떠나 보내는 나의 책 <어디서든 한달살이>가 부디 30대 젊은이들, 40대 젊은이들에게도 닿았으면 하는 바람이다. 이제는 멀게만 느껴지는 나의 30대와 40대의 끝없는 탐구생활이 노인인 내 삶을 이어주는 구심력이 되듯 <어디서든 한달살이>를 꿈꾸는 이들이 조금씩 늘어나면 좋겠다. 그것도 욕심이라면 그 욕심은 야멸차게 부려보고 싶다.

햇빛 찬란하게 부서지는 날도, 논밭이 쩍쩍 갈라지는 가뭄의 날들도 비바람이 몰아치는 날들도, 병석에 누웠던 날들도, 절망했던 날들도, 새 길을 떠날 준비를 한 날들도 뒤섞여 있다.

그 모든 날들의 시간들이 쌓이고 쌓여 내 인생의 생태계를 만들어 냈다. 돌아보면 부끄러운 날들도, 자랑스런 날들도 거미줄처럼 연결돼 나를 지탱해 주었다. 나는, 그 시간의 궤적들 속에서 이 나이까지 살아 온 내가 대견스럽다.

양팔을 감싸고 팔뚝을 쓰다듬는다.

따스한 온기가 전해진다. "잘했어! 수고했어." 소리내어 말한다.

그 모든 것이 사랑이다. 나를 향한.

그리하여 나는 사랑하는 나를 위하여 또 한걸음 내딛는다.

감사함으로!

글의 앞부분으로 돌아가서 인터뷰 촬영을 앞두고 교황 프란치스코 는 말한다. 사람이 많네요. 이내 한사람이 다가와 교황이 착용한 마이 크를 점검한다.

"소음이 섞였네요."

"바닷바람소리 같은거요.

제가 보기엔 오늘날 중요한건 인류 미래를 향한 청년과 노인의 대화 입니다."

프란치스코 교황이 내게 주고 간 선물 같은 메시지다. 긴 망설임에 마침표를 찍게 한, 표류하는 인생의 변치 않는 푯대처럼 책을 세상에 내보낸다.

젊음이여, 나이듦이여
그대들은 언제나 나의 길동무.
어느 순간 한달살이 여정에서 만날 수도 있는.
그리하여 서로의 인생이 풍요로워질 수 있는.

그대여,
그대, 나의 길동무여,
비록 만나진 못하더라도.....

사랑합니다.

.

.

.

여전히 영화는 상영 중이다. 내 가슴속에서.
사랑이란 이름으로.

2025년 9월
어느날 찬란함으로

어디서든 한달살이

일상속 한달살기 실천지침

초판 1쇄 발행 2025년 11월 23일

지은이   상인숙
펴낸이   상인숙
사진   상인숙, 송영록
디자인   서완심
펴낸곳   (주)이모션애드
인쇄   (주)이모션애드
          서울시 중구 서애로 27, 606호
이메일   klbitgoeul@hanmail.net
전화   02-2263-6415

ISBN 979-11-979314-1-3
정가 23,000 원